ちょっと変わった校長式辞集

教育哲学者からのメッセージ

山内紀幸 著

――はじめに

私自身、幼稚園から高校までこれまで何度も聞いてきた校長式辞。大変失礼ながら、何も記憶に残っていない。いい話もあったかと思うが、形式的で退屈だったという記憶しかない。

児童生徒にとっては当該学校での一生に一度の入学式・卒業式である。校長にとっても、一年でもっとも保護者のビデオがまわり、スポットライトの当たる瞬間である。せっかくやるなら記憶に残るメッセージを子どもたちと保護者に贈りたいと考えるようになっていった。そのために、ちょっと変わった校長式辞の方針を立てた。

ちょっと変わった校長式辞の方針

① 来賓への挨拶は一切やめる　→入学式も卒業式も来賓のためにあるのではない。主人公のことだけを考える。

② 卒業式ではつらつらと学校生活の思い出を語らない　→たいていは送辞・答辞で児童生徒が語ってくれる。

③　時候の挨拶をしない　→桜がつぼみでも咲いていてもそんなものは本質的なことではない。
④　祝意の後、一つのテーマを冒頭からストレートに語る　→時短のため。
⑤　8〜10分を目安にする　→いい話も長いと嫌がられる。経験上。
⑥　覚えてほしいキーワードを繰り返す　→とにかく子どもたちの記憶に残るように。
⑦　学術的知見（哲学・心理学他）に触れる　→ただの説教にしないために。
⑧　学術的知見をわかりやすい言葉に替える　→難しすぎては記憶に残らない。

①〜⑦は比較的容易に実行できたが、いつも苦労したのは⑧であった。私は校長をしながら教育哲学の研究者でもあった。そのため、哲学書や教育学書に触れる機会は多かったが、それを小学生にも高校生にもわかるように語ることは至難の業であった。⑧の作業中は、いつも私の生き方のまやかしが露呈するのである。私はそれまで学問の世界と教育現場の世界をすみ分けて暮らしてきた。学会に行けば、研究者面しながら難しいことを発言したり理解した（振りをしたりしてきた）。他方で、小学校や中学校や高等学校では校長面して教師や児童生徒に話をしてきた。教育哲学といいながら、教育についての哲学はしても、教育のための哲学を回避してきたのである。

⑧の作業は、これまでのそうした私の生き方に短剣を突き付けるようなものであった。目の前にいる小学生にどうやってアリストテレスを語るのか、目の前にいる高校生にどうやってニーチェやレヴィナスを語るのか。式辞を考えながらいつも自己内対話を繰り返した。「これは、今まで放置してきたこと、すなわち教育学の言説と教育現場の言葉を重ね合わせる作業なんだ」と。

その自己内対話が、成功したかどうかは、当事者たちの反応をみればだいたいわかった。母校を訪ねてきてくれた卒業生や進学した生徒が、「校長先生のあのときの式辞は一生忘れない」と（気を遣って？）言ってくれることが度々あった。本当に？ と思い、どんな内容だったかを聞くと、しっかりと覚えてくれているではないか！ 式典に参加した保護者から「いつも校長先生の式辞楽しみにしています」と（気を遣って？）言っていただけることも多くあった。

個人的には式辞の半分くらいは失敗し、半分くらいは成功したと思っている。ちょっと変わった校長式辞集。みなさんの記憶に残る式辞があればうれしい限りである。

2021年5月吉日　山内紀幸

ちょっと変わった校長式辞集
教育哲学者からのメッセージ

―目次―

中学校

高等学校

小学校

Elementary School

其の一

聞く──小学校で賢くなるために（小学校入学式）

2017年4月

新入生のみなさん、ご入学おめでとうございます。

私は、山梨学院小学校の校長先生です。小学校からは、園長先生のことを校長先生って言うので、間違えないでください。

先ほどの校長先生の「入学を許可します」という言葉によって、みなさんは山梨学院小学校の一年生になりました。すでに小学生になっている二年生から六年生のお兄ちゃんやお姉ちゃんたちは、みなさんよりも勉強ができて、賢いです。それはなぜかというと、みなさんより早く入学して勉強しているからではありません。実は、毎年、校長先生が入学式のときに、賢くなって、とても勉強ができるようになる秘密を教えているからです。

みなさんも教えてほしいですか？　その秘密は、とっても簡単なことのようで、とっても難しいことです。何だろうね？　今、みなさんはとっても上手にできています。それは「聞く」ということです。聞けない人は、決して賢くなれません。

今、みなさんは、とてもよく校長先生の話を聞けています。とても素晴らしいです。校長先生だけでなくここにいる先生たちが「お話するよ」「聞いてくださいね」と言うときは、先生たちの大きな声をしっかり聞いてください。でもね、これは、もっともやさしいレベル1の「聞く」です。レベル1は「大きな声を聞く」というものです。今日のところは、みなさん合格です。

次がちょっと難しいレベル2の「聞く」です。それは、「小さな声を聞く」というものです。「小さな声」は、みなさんが聞こうとしなければ、聞こえません。例えば、友達が勇気をしぼって、一生懸命発表してくれている声を、聞けるようにしましょう。先生が「聞いてください」「こっちを見てください」と言って大きな声を出さなくても、先生が「小さな声」でお話を始めたら、すぐに聞けるようになりましょう。先生の小さな声や友達の小さな声には、とても大切な言葉がたくさんあります。

また、おうちでも一年生になったら「小さな声」を聞いてください。「ちょっとテーブル拭いてほしいな～」「荷物持つのを手伝ってほしいなあ～」とおうちの人が小さな声でつぶやいていたら、その声を聞いて、「何か、困っている？　お手伝いしようか？」と言えるようになりましょう。この小学校でも、先生や友達の小さな声をしっかり聞こうとしているお兄さんお姉さんは、とても勉強ができますし、賢くなっています。

最後は、大人でも難しい、レベル3の「聞く」です。校長先生でも難しいときがあります。でも、この小学校の中には、レベル3の「聞く」ができるお兄さんお姉さんもいます。

レベル3の「聞く」は、「心の声を聞く」です。「心の声」は「聞こえない声」ですが、不思議なことにその声が聞こえるときがあります。例えば、友達の後ろ姿を見ただけで、「さみしいな、誰か一緒に遊んでくれないかなあ」という心の声が聞えてくることがあります。目の前にいない人だって、その人たちの声が、聞こえてくることがあります。遠くに住んでいるおじいちゃんやおばあちゃんが、「おまえに会いたいよ。今度、顔を見せにきておくれ」と言っているのが聞こえてくることがあります。レベル3の「心の声を聞く」はとっても難しいです。でも、みなさんならできるようになると思います。

繰り返します。「聞く」ということはとても大切です。「聞く」の名人になれば、小学校でもっともっと賢くなっていきます。レベル1の「大きな声を聞く」。みなさんに聞こえてくる話をしっかり聞きましょう。レベル2の「小さな声を聞く」。先生の小さな声、友達の小さな声、おうちの人の小さな声、を聞けるようになりましょう。小さな声は、勝手に耳の中に入ってくるのではなくて、みなさんが聞こうとしなければ聞けません。今はみんなレベル2です。レベル3の「心の声を聞く」。相手が声を出していなくても、遠くにいたとしても、心の声を聞くことのできる達人になりましょう。レベル1、レベル2を繰り返していけば、きっとレベル3もできるようになります。

校長先生からの宿題です。今日、校長先生が話したお話を、おうちの人に話してあげてください。きっと、おうちの人は、みなさんの入学にあまりに感動しすぎて、校長先生の話を全部覚えていないと思います。帰りの車の中でも、このあとファミレスでおいしいお昼を食べているときでも、構いません。三つの「聞く」を教えてあげてください。

みなさんへの校長先生からのお話は、以上です。今から、おうちの人にご挨拶するから、しばらく待っていてください。

保護者のみなさま、本日はお子様のご入学、誠におめでとうございます。大切なお子様を山梨学院にお預けくださり心より感謝申し上げます。小学校の六年間のみならず、山梨学院中学校、山梨学院高等学校を含め、これからの十二年間、山梨学院全教職員が一丸となって、質の高い教育を提供していくことをお約束します。

お子様の成長のために、大切なことは、学校とご家庭が車の両輪になるということです。学校とご家庭の間にゆるぎない信頼関係を築き、同じ方向を向いて、子どもたちに接することで、教育効果は三倍四倍と膨らんできます。これからの保護者のみなさまのご理解・ご協力をお願い申し上げ、学校長のお祝いの言葉といたします。以上です。

其の二

争い――『Dragon Night』より（小学校卒業式）

2015年3月

卒業生のみなさん、卒業おめでとうございます。保護者のみなさま、本日はお子様のご卒業、誠におめでとうございます。

今から、旅立つみなさんに、校長として最後の授業をしたいと思います。テーマは「争い」です。

まずは、この曲を聴いてください。

人はそれぞれ「正義」があって　争い合うのは仕方ないのかも知れない
だけど僕の嫌いな「彼」も彼なりの理由があると思うんだ

ドラゴンナイト　ドラゴンナイト　ドラゴンナイト
今宵　僕たちは友達のように歌うだろう

ムーンライト　スターリースカイ　ファイアバード
今宵　僕たちは友達のように踊るんだ

この曲は誰の何ていう曲？　後ろに座っているお父さんはポカーンとしていますが、これは、みなさんがよく知っている、SEKAI NO OWARIというグループの『Dragon Night』という曲です。校長先生も実は、『Dragon Night』を知りませんでしたが、昨年の大晦日の紅白歌合戦で聴いて好きになりました。

校長先生がとっても好きなフレーズは、今聴いてもらった一番のBメロのところです。

人はそれぞれ「正義」があって　争い合うのは仕方ないのかも知れない　だけど僕の嫌いな「彼」も彼なりの理由があると思うんだ

みなさんは、これから生きていく中で、必ず、わかり合えない人、どうしても許せない人に出会います。もしかすると、殺してやりたいと思うような人に出会うことがあるかもしれません。そのとき、この『Dragon Night』を思い出してほしいのです。

争いとは、正義と正義のぶつかり合いです。お互いに自分こそが正しいと思っている。譲れないと思っている。校長先生も君たちの頃、いや中学校や高校くらいまで、いつもいろんな人とぶつかっていました。友達や親や、ときには先生とも衝突したことがあります。「僕の方が正しい、あいつの方が悪い」「偉そうなことばかり言って、おまえこそできてないじゃないか」「なんで、あんな言い方するんだ。むかつく！」。

でも、校長先生は、高校のとき、親友から言われた一言で、ふと気が付きました。校長先生がとある友達と大喧嘩をしたとき、その親友はもちろん校長先生の味方をしてくれました。でも、ケンカのあとこう言ったのです。「お前がケンカした相手は、お前が思っているほど悪い奴じゃないよ」と。ハンマーでガーンと殴られたような気持ちでした。それまでは、「いつも自分が正しい、自分こそが正義だ」と主語を「自分」にして考えてきた。「相手はどう思っているのか、相手は何でそんな発言をしたのか」と、「相手」を主語で考えたことなどなかったなと気付いたのです。

ここで校長先生は、たとえ許せない相手でも友達になれと言うつもりはありません。まったく賛成できない相手の正義に賛成しろとも言いません。そんなことは、今の校長先生にだって難しい。どうしてもわかり合えない人もいる。でも、どうしてもわかり合えない人がいるこの社会の中で、どうやってあなたたちが生きていくべきか。それを『Dragon Night』の歌詞は伝えています。

『Dragon Night』の歌詞の素晴らしさは、まずは、自分の立場の正しさをいったん置いて、相手の立場を考えてみようとしているところです。その結果、どうなったか。「彼の正義の理由がわかった。彼の正義の理由に賛成する」とは言っていません。「だけど僕の嫌いな彼も〈彼なり〉の理由があると思うんだ」と歌っています。許せない大嫌いな彼の理由には賛同できなくても、〈彼なり〉の考えがあることを認めようとしています。

さらに、「だけど僕の嫌いな彼〈も〉」と言っている。つまり「自分自身の正義も、また自分なりの理由だったんだ」ということに気が付いている。相手の立場を考える行為が、すなわち自分自身の立場も再度考えてみることに繋がっているということがわかります。

また、サビの部分がとても深い。「今宵僕たちは友達のように歌うんだ」「今宵僕たちは友達のように踊るんだ」と言っています。「友達になって歌う」のでも「友達として踊る」のでもない。それは、許せない相手と友達にはなれない、好きにはなれないけれど、でも、争いをやめて、「友達のように」振る舞うことができるということを歌っている。

どうしたらこんなことができるのか。友達との単なるケンカなら容易かもしれません。でも人生の中で出会うどうしても許せない嫌いな相手、その人の立場を考えるのは、とても難しいことです。ましてや、その大嫌いな相手と「友達のように歌う」ことなんて、さらに難しい。

まず、みなさんは、許せない大嫌いな相手と衝突して頭に血が上っているときは、大きく深呼吸してみてください。何よりも「許せない」「大嫌い」という感情の高ぶりを沈めることが大切です。その感情の高ぶりのままに争ってはいけません。それは弱い人間のすることです。その相手と距離を置くのもいい方法です。読書や映画やスポーツなど、まったく他のことに時間を費やすのもいいでしょう。時間がかかっても、感情の高ぶりを抑えることができたら、半分成功です。

ここからです。今度は感情でなく、頭を使います。みなさんのすべてが持っている優れた「想像力」をその相手に対して使うようにしてください。「相手は何で私を攻撃してくるのか」「相手はどういう立場にいるのか」。相手の理由に賛成できなくてもいいんです。「相手なりの理由」を考えてみてください。すると、同時に、自分自身がこだわっていた理由も、違った面から再認識できるようになります。その結果、自分がこだわってきた理由は、自分なりの理由であったと感じてくるようになります。そして、互いを傷つけ合う「争い」

よりも、「友達のように」振る舞うことの方が賢明であることに気付いていくでしょう。

ドイツの詩人のゲーテはこう言っています。

「嫌いな人とつきあってこそ、人とうまくやって行くために自制する心が、私に生まれる。嫌いな人とつきあってこそ、私の心の中にあるいろいろな側面が刺激されて、私が完成されていく」と。

大好きな友達といるときには、みなさんはさほど成長しません。人生で出会う大嫌いな相手、どうしても許せない相手に出会ったときこそ、みなさんが大きく成長するチャンスです。そこで、感情の高ぶりを抑え、冷静に頭を使って「相手の立場」を想像してみることができたならば、あなたは強い人間です。校長先生は、自分の正義ばかりを主張し、争いやイザコザを繰り返す弱い人間よりも、争いの場面であっても、頭を使って「彼なりの理由」を考えようとする強い人間になってほしいと願っています。

『Dragon Night』を聴くたびに、今日の話を思い出してもらえるとうれしいです。

以上で、最後の授業を終わりにして、校長のお祝いの言葉といたします。

【参考文献】
ゲーテ（高橋健二訳）『ゲーテ格言集』１９５２年、新潮社
ＳＥＫＡＩ ＮＯ ＯＷＡＲＩ『Tree』（CD）トイズファクトリー、２０１５年

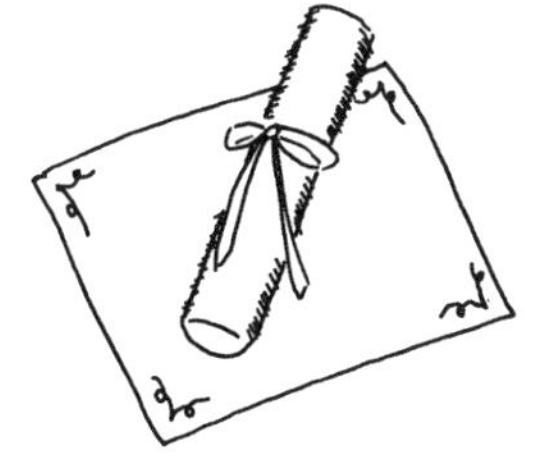

其の三

幸福―アレクサンダー大王の逸話から

（小学校卒業式）

2016年3月

卒業生のみなさん、卒業おめでとうございます。保護者のみなさま、本日はお子様のご卒業、誠におめでとうございます。

今から、旅立つみなさんに、「幸せ」についてお話したいと思います。

幸せって何だと思いますか。どうすれば幸せになるんでしょうか。誰も不幸になりたいと願っている人はいません。ここの会場にいるすべての人が、「幸せ」になりたいと願っているはずです。誰もが持っている人生の目的は、「幸せになること」であるといえます。けれど、「幸せって何？」と聞かれても、人によって、その答えは様々です。

有名大学を卒業すること、お金持ちになること、毎日ご馳走を食べること、豪邸に住むこと、権力を持つこと、名声を得ること、理想の結婚相手を得ること。確かに、それらは、「幸せ」になるための条件かもしれません。けれど、そうした条件がいくら揃っても、「幸せ」と感じるかどうかは別です。実際にお金持ちの人に「あなたは幸せですか？」と聞いてみたら、みんなが「幸せです」とは答えません。中には、「不幸です」「今にも死にたいです」と答える人もいます。「幸せとは何か」という問題は、とても難しい問題です。

実は、「幸せとは何か」という問題は、古代から現代まで多くの人が悩んできた問題でした。キリストも、ブッダも、孔子も、シェークスピアも、夏目漱石も、福山雅治も、「幸せ」について語らない人はいないくらい、たくさんの人が、「幸せ」について語っています。

その中で校長先生が印象に残っているものに、アレクサンドロス3世、通称アレクサンダー大王といわれる人物の逸話があります。

詳しくは中学校で習いますが、アレクサンダー大王は、今から二千三百年前の紀元前四世紀にギリシャ北部の小国マケドニアの王でした。彼は、戦いで国を広げ、ギリシャだけでなく、北アフリカ、中央アジアまで領土を広げ、アレクサンドロス帝国という大帝国を築きあげます。アレクサンダー大王は、それまでの世界史でもないような、富と権力と名声を得ました。

あるとき、アレクサンダー大王が、当時、変わり者として知られていたディオゲネスという男に会いに行きます。アレクサンダー大王が、ディオゲネスに尋ねます。「おまえの望みは何だ。何でも与えてあげよう」。するとディオゲネスがこう言います。「そこをどいてくださらんか。わしの望みは、日陰にならないことじゃ」と。アレクサンダー大王は、その帰り道に家臣に漏らします。「私がアレクサンダー大王でなければ、ディオゲネスになりたい」と。

この逸話は、「幸せとは何か」を考えるときに、とても参考になる話です。ディオゲネスにとって、幸せは、とても些細なものにあります。それは、あたたかな太陽の日差しと、日向ぼっこをする時間。私たちにとって当たり前すぎて、気付かないものに、ディオゲネスは、幸せを感じている。対照的に、富と権力と名声を得たアレクサンドロス大王は、そうしたディオゲネスを羨ましいと思っている。

お金や名声こそ、幸せだと思って、その獲得を目指して毎日暮らしている人もいます。でも、実は、本当の幸せは、些細な当たり前のものに宿っているのです。毎日食事をとれること、いつも笑い合える友達がいること、目の前に家族がいること、毎日学校に通えること、お風呂に入れること、冬の次には春が来ること。それは、あまりに当たり前すぎて、それを失うときまで、ほとんどの人はそれが幸せとは気付きません。「幸せ」を果物に例えるなら、そうした私たちの周りにある当たり前すぎて見えにくくなっている「幸せの果実」を味わうことのできる味覚を、みなさんが持てているかどうかが何より大切なのです。

校長先生が知っている中で、人類史上でもっとも大規模な「幸せ」研究に、アメリカのハーバード大学の「Grant Study」という研究があります。1938年から1975年に渡って、二十億円をかけて、ハーバード大学卒業生に対して行われた追跡調査です。年収やIQ（知能指数）、社会的地位など様々な角度から分析が行われ、どういった人が、もっとも「幸せ」を感じて生きているのかが明らかにされました。その結果は、驚くべきものでした。お金と幸せとの関係は、ある一定の額（年収六百万）までは、関連が認められるが、それを超えると、いくらお金を稼いでも幸せを感じることと関係なくなるといいます。

またIQ（知能指数）と幸せとの関係についても、あまり関係性は認められませんでした。むしろ、もっとも「幸せ」に影響していたのは、いたってシンプルな答えでした。何だと思いますか？　それは、家族と友人という人間関係です。あたたかな家族の中で愛されて育ち、そして大人になってもそうした家庭を持つこと。生涯に渡って理解し合える仲間を持つこと。そうした、もしかしたら当たり前になってしまっていることが、「幸せ」に大きな影響を与えると結論付けています。二十億円かけて行った研究が見つけた「幸せ」とは、私たちのすぐ近くにある、でも当たり前すぎて気付けずにいたかもしれないものだったのです。

これからの人生をみなさんに「幸せ」に過ごしてほしいと願っています。そのためには、ある程度のお金と学力は必要です。けれど、もっとも大切なのは、当たり前すぎて見えなくなっている「幸せの実」、それらを「幸せ」として味わうことのできる、味覚を持てるかどうかです。「あたたかな家族がいること」「理解し合える友人がいること」私たちの日常の当たり前の「幸せの実」をどうか大切にしてください。

以上で、最後の授業を終わりにして、校長のお祝いの言葉といたします。

【参考文献】

山川偉也『哲学者ディオゲネス―世界市民の原像』講談社、2008年

A 75-Year Harvard Study Finds What It Takes To Live A Happy Life

[https://www.businessinsider.com/grant-study-reveals-what-makes-us-happy-2013-4]

其の四

伝える―伝えることと伝わること（小学校卒業式）

2013年3月

みなさん、卒業おめでとうございます。保護者のみなさま、本日はご卒業、誠におめでとうございます。

今から、旅立つみなさんに校長として最後の授業を行います。この授業のテーマは「伝える」です。

みなさんは、本当に伝えるのが上手になりました。あなたたちが一年生のときとは比べ物になりません。課題文や小説づくりでは、たくさんの人が県や全国で上位に入賞し、中には全国で大賞をとった人もいました。学校賞もいくつもいただきました。先日の卒業研究発表も、パワーポイントを使って、上手に発表できていました。小学生とは思えないくらい「伝える」のが上手で、とても誇らしく思います。

でも、なぜ「伝えることが大切なのか」考えたことはありますか？　意思伝達がうまくできなければ、相手が困ってしまうからでしょうか。うまく作文が書ければ、コンクールで賞をもらえるからでしょうか。まあ、それもあるでしょう。でも校長先生の答えは、違います。

伝えることが重要なのは、「伝える」ことによって、自分がつくられるからです。

みなさんは、何か新しいものを見たり聞いたり、体験したとき、人にそれを言いたくなりませんか？「あの交差点で事故があったよ」「山で流れ星を見たよ」「ほしかったアイテムをゲットしたよ」など、何か新しい出来事があったときに、友達や先生や家族の人たちに話したくなるでしょ？

あなたたちが、まだ幼かった頃、たくさんのことを先生に伝えていました。今思えば、どうでもいいことのように思えることです。「カブトムシが元気がない」「雲の形が面白い」「○○ちゃんに赤いブロック取られた」など、今以上におしゃべりで、いつも「あのね」「あのね」と言っていました。それは、なぜかというと、幼児にとって毎日が、新しい世界との出会いや葛藤の連続であり、その状況を言葉で「伝える」ことによって、もやもやとした出来事を整理し、自分の中の確かな出来事にしていくからです。

「伝える」ことは、見たものを聞いたものを自分の言葉に変換していくことです。その変換がとても大切であり、その作業によって、漠然としていた外の世界の出来事が整理され、自分自身の出来事になっていきます。かっこよくいえば、「伝える」ことによって自分の歴史がつくられるということです。逆にいえば、言葉にできなければ、自分の歴史はつくられないということになります。

「伝える」ことは、とても大切です。様々な学習の場面にも活用できます。例えば、講演会で素晴らしい話を聞いたとします。聞いただけでは、自分の知識にはなりません。本当の知識になるためには、伝えることができなければなりません。聞いたと、伝えるとの間には、グランドキャニオンくらいの溝があります。

伝えるためには、講演の内容の何が重要なのか、何が面白かったのかを、瞬時に整理しなければなりません。しかもそれを、相手がわかりやすいように自分の言葉で語り直さなければなりません。もし、「講演会どうだった?」と聞かれて、「よかった」としか言えないときは、自分の知識になっていない証拠です。ですから、壁に向かってでもいいですし、家族でもいいですし、通行人でも構いません。日記や手帳でもいいです。何か新しいことを聞いたときには、伝えてみてください。語り直してみてください。そうすれば、自分の知識になります。

　また、これからの人生において、大失敗をしてしまったとき、あるいは悲しい思いをしたときにも「伝える」ということを思い起こしてください。人間は、とても落ち込んでいるとき、言葉を失っています。でも、言葉にして、その状況を、伝えられるようになると、自分を取り戻していきます。「こんな大失敗しちゃった」「私って馬鹿なんだよね」と言葉にできたなら、もうほとんどが解決しています。その失敗や悲しみは自分に襲いかかるものではなく、自分の中の一つの出来事に変換されたことを示しています。

「伝える」って面白いですね。「伝える」は、何より自分が自分であるためにあるんですね。「伝えること」によって、外の世界の出来事が自分の出来事になり、「伝えること」によって、失敗や悲しみから抜け出すこともできる。みなさんは、これからも「伝える」を大切にしていってください。

「伝える」の授業を締めくくるにあたり、最後に一つ、とっても難しい宿題を出したいと思います。この宿題は、校長先生だって、何が正解なのかいまだに答えが見つかっていない問題です。もしかすると、全世界の中でもその答えを知る人はほんの僅かなのかもしれません。

それは「伝える」より数十倍難しい「伝わる」です。「伝える」ことは、訓練すればある程度はできます。けれど、それが「伝わる」かどうかは別問題なのです。

校長先生は、今マイクで最後の授業を行っていますが、みなさんに「伝わる」かどうかは、わかりません。一生、覚えていてくれる人もいれば、このホールを出た瞬間に忘れてしまう人もいるでしょう。同じことを同じように言っても、例えば校長先生が言えば伝わらないけど、瀬端先生が言えば伝わるということもあります。正しいことを言えば、必ず伝わるかといえば、そういうわけでもありません。

言葉だけではありません。歌でも、絵画でも、ダンスでも、いろんなパフォーマンスでメッセージや思いを「伝える」ことはできます。でも、それが「伝わる」かどうかわかりません。

さらにやっかいなのは、言葉がなくても、言葉以上に伝わることもあります。校長先生が忙しいときに、校長室の机の上に、栄養ドリンクがそっと置かれていたことがありました。たぶん事務局の先生の誰かなんですけど、言葉はありません。でもどうですか、「頑張れ」って伝わってこない？

「伝わる」にはどうすればいいのか。校長先生はいつも考えています。唯一の絶対の正解があるわけではないと思います。「伝わる」かどうかは、実は「伝える」前に決まっているのかもしれません。お互いにお互いを認め合うような「伝わる」関係ができてしまえば、何を言っても、あるいは言わなくても伝わりやすくなるのかもしれません。また、伝える側の、誠意、優しさ、ユーモア、感性といった、目に見えない何かも影響を与えているのかもしれません。このように、「伝わる」は考えれば考えるほど難しいです。

「伝える」ことの大切さと、「伝わる」ことの難しさ。これからも、自分が自分であるために「伝える」ことを大切にしていってください。そして、ときに「伝わる」にはどうすればいいのか、悩んでみてください。

以上で、最後の授業を終わりとし、校長のお祝いの言葉といたします。

其の五

夢―のび太は素敵な少年（小学校卒業式）

2017年3月

みなさん、卒業おめでとうございます。保護者のみなさま、本日はお子様のご卒業、誠におめでとうございます。

今から、旅立つみなさんに、小学校の校長として最後の授業をしたいと思います。マンガ『ドラえもん』の「のび太」についてです。

みなさんはどういったのび太のイメージを持っていますか？　勉強ではテストで0点続きで、クラスの最下位。スポーツも苦手で、ジャイアンやスネ夫からもからかわれる。パパやママ、担任の先生から怒られてばかり。「ダメダメ」の男の子というイメージかもしれません。でも、ドラえもんの作品をよく読んでみると、実は、のび太は、人生で大成功を収めているのではないかと思うことがあります。

長編の大冒険シリーズでは、ときにドラえもんに代わって、リーダシップを発揮し、誰も解決できなかった問題を解決していきます。どんなにのろまでも、ジャイアンやスネ夫からはいつも声をかけられ、気にかけられている。失敗続きでも、勉強が不得意でも、不登校になるわけでも、引きこもりになるわけでもなく、前向きに毎日を過ごしている。そして、何よりの大成功は、のび太は、念願のしずかちゃんとの結婚を果たすことです。

誰だって「ダメのび太」のところがありませんか。三日坊主で、成績が振るわなくても大丈夫です。私たちが、気付かないのび太の素晴らしいところを学んで、のび太と同じように人生を成功させましょう。ここでは、是非、のび太を真似てほしいことを二つお話しします。

一つ目は、「大きな目標を掲げて、それを口にする」ことです。

あるとき、理科の授業で、のび太は先生に「雲の上の天国は、どのあたりに浮かんでいるんですか？」と質問します。すると、先生から「君は何年生になった？　水蒸気の上にそんなものあるわけないだろう」と言われ、ジャイアンやスネ夫からも「メルヘンの世界にいるんだね」とバカにされます。のび太は「天国が絶対にないってどうして言いきれるんだよ！　世界中の雲の上を確かめてみたか？　天国があるって証明してみせる！」と宣言します。確かに、『ジャックと豆の木』などの昔のお話には、たくさん天国が描かれていますね。のび太にしては珍しく、図書館で調べたり、ドラえもんの力を借りて、すべての雲の上を調べてみますが、何もないことがわかり、のび太はがっかりします。

ここでのび太のした大切なことは、「天国はある、それを証明してやる」という大きな目標を掲げていることです。「しずかちゃんと結婚する」というのは、最大ののび太の目標でしたね。のび太はときどき、絶滅した動物の楽園をつくるとか、竹馬大会で優勝するとか、一見すると、実現不可能に思える大きな目標を掲げます。みなさんも、大きな目標や大きな夢があると思いますが、言うのが恥ずかしいと思ったことはありませんか？　大人たちから「何をバカなことを言って」と言われるかもと心配になったりしていませんか？でも、人類の進歩も科学の進展も、すべては、「何をバカなことを言って」から始まっているのです。まだ飛行機も宇宙ロケットもないときに、「空を飛びたい」「月に行きたい」と大きな夢や目標をしゃべった人たちは、周りから笑われました。でも、そうした大きな目標、夢を口にした人がいたからこそ、人類は進歩してきました。

みなさんの成長も同じです。サッカーの日本代表になりたい、ノーベル賞をとる科学者になりたい、ドラマのキムタクのような外科医になりたい。目標は、人から笑われるくらいの大きなものでいい。のび太の素晴らしいところは、大きな夢も日常の小さな目標も、それをいつも口に出し、宣言していることです。目標は、持つだけではだめです。是非、周りの人に絶えず表明しましょう。そうすることで、自分の中に少しでも目標に近付きたいという気持ちを、持ち続けることができます。

でも、夢や目標を掲げて、それを口にしたとしても、それだけで目標は実現しません。目標に近づくための努力が必要です。怠けぐせのあるのび太が、どのようにして努力していったか見てみましょう。

これが、みなさんに伝えたいのび太の二つ目の素晴らしいところです。二つ目は、「目標から今の自分を見つめる」ということです。

のび太は、しばしば、タイムマシンやタイムテレビを使って、未来の自分を見に行きました。こんなにだらしのない自分が本当にしずかちゃんと結婚できるのかと不安になったときには、妻になりさらに素敵になったしずかちゃんを見に行きます。それを見て、のび太は、今の僕じゃだめだ、もっといい人になろうと決心します。また、のび太の父親が、いつも酔っ払って帰って来るのを見て、未来の自分はどうなのか、見に行きます。すると、未来の自分も、同じようにだらしない姿で、しずかちゃんにいつも助けられている。のび太はがっかりするのですが、未来ののび太はこう言います。「いつもやる気はなくしていない。人生はまだまだ長いんだ。ここからが勝負だよ」。それを聞いて、のび太は、「しっかり、やろうね、おたがいに」と言って、未来の自分とがっちり握手をかわします。

ここで重要なことは、のび太と同じように、目標を達成した自分から逆算して、今、何をすべきかを考えるようにすることです。ドラえもんの秘密道具のいくつかは、実はみなさんそれぞれ持っています。実際にタイムマシンがなくても、タイムテレビがなくても、目標を叶えた自分の未来を想像することはできます。くじけそうなとき、上手くいかないときにこそ、なりたい自分を思い描いてください。そうすれば、今、何をすればいいのかがわかってきます。のび太は、それを繰り返し、成長していっているのです。

みなさんは、いきなり完璧な人間になれなくても、のび太にならなれます。のび太のように、「大きな目標を掲げて、それを口にする」。人に笑われたっていい。大きな夢も、小さな目標も、必ず口に出しましょう。そして、「目標から今の自分を見つめる」。心のタイムマシンやタイムテレビで、目標を叶えた自分を想像し、そのために今、何をやるべきかを考えましょう。明日から、実践してみてください。

これで、校長先生からの最後の授業を終わります。

【参考文献】

横山泰行『「のび太」が教えてくれたこと』アスコム、２０１１年
横山泰行『「のび太」という生き方』アスコム、２０１４年

其の六

探究―ホーキング博士の言葉から（小学校卒業式）

2018年3月

卒業生のみなさん、卒業おめでとうございます。保護者のみなさま、本日はお子様のご卒業、誠におめでとうございます。

先日行われたみなさんの国際バカロレアPYPエキシビジョン。とても感動しました。卒業研究ではそれぞれ自分のテーマを探究し、見ている側にもわかりやすいプレゼンテーションになっていました。学習成果を展示しているブースでも、質問に対して、探究してきたことをきちんと自分の言葉で説明していました。自律、思考、表現、共生という学校目標が、世界レベルで形になっていると、誇らしく思えました。

今から、旅立つみなさんに、小学校の校長として最後の授業をしたいと思います。テーマは、みなさんが行ってきた「探究」です。

今日からちょうど、一週間前の三月十四日。世界的な宇宙物理学者が亡くなりました。

スティーヴン・ホーキング博士です。七十六歳でした。ニュースになっていたので、名前を聞いたことのある人もいるかもしれません。

彼は、イギリス生まれで、オックスフォード大学に入学した後、二十一歳のとき、筋肉が縮まり動かなくなるALSという難病にかかります。そのとき、医師には、余命二年と言われました。けれど、その後も、決して宇宙の探究をやめませんでした。そして、彼は誰も思いつかなかった新しい理論を次々に発表し続けました。

私が、ホーキングという名前を知ったのは、私が大学生の時でした。『ホーキング、宇宙を語る』という、世界でベストセラーとなった本を書店で見つけたのです。書かれている内容は、あまりにスケールが大きすぎて、想像しにくいこともありましたが、ワクワクしながら一枚一枚ページをめくったのを今でも覚えています。宇宙が生まれる前は、時間も空間もない「無」の世界だった。百三十七億年前、極めて小さな宇宙が生まれた。それは、一ミリの一兆分の一よりも小さい点であった。その中に何千億個の銀河と時間と空間が詰まっていた。それが、「ビックバン」といわれる超大爆発を起こし、一秒後には、宇宙が誕生し、時間と空間が現れた。そして宇宙空間は今も徐々に広がっている。みなさん想像つきますか？　私はその事実を知ったときには、言葉を失いました。

一秒で出来上がった宇宙空間は変化を繰り返し、四十六億年前に太陽系が生まれ、三十八億年前に地球上に最初の生命が生まれる。その生命が進化して私たちへと至る。驚くべきことに、最近の宇宙の観測結果からは、人間と銀河は九十七%同じ物質からできていることが明らかとなっています。私たちは無から生まれた一つの点から始まっているんです。私たちの中には、百三十七億年の宇宙の歴史が詰まっていることになります。

ホーキング博士は、その後も次々に宇宙の常識を覆す理論を発表していきます。よくSF小説に出てくるブラックホール。卒業研究でブラックホールの研究をしていた人もいましたね。宇宙の墓場といわれる巨大な穴は、星も光もすべてのものを吸い込むとされていました。もし、私たちが宇宙船に乗ってそこに飲み込まれれば、すべてがなくなってしまいます。しかし、ホーキング博士の最新の理論では、抜け出すことが可能であるといいます。ブラックホールの強大な穴に吸い込まれたら、この世界には帰って来られないが、そこに繋がっているもう一つの宇宙に辿り着く可能性があるそうです。そうなんです。私たちのいる宇宙とは別に、たくさんの宇宙があるのです。ホーキング博士はインタビューで、「私は宇宙旅行の物語が大好きですが、ブラックホールに入ると帰って来られないので自分では行きたくないですね」と語っていました。

宇宙物理学の難解な記号でなく、私たちにもわかるような言葉で、最新の宇宙理論を伝えてくれたホーキング博士。彼の不屈の宇宙の探究と、わかりやすい言葉のおかげで、私たちの宇宙のイメージは大きく変わりました。

余命二年の宣告から五十年以上、彼は宇宙を探究し続けました。体は動かなくなり、言葉を失い、何度も死の縁に立ちながらも、どうやって彼は、探究し続けることができたのか。彼は、三つのメッセージを私たちに残しています。

一つ目は、星を見上げること

ホーキング博士は、「星を見上げなさい。足元を見るな」と言っています。彼は、絶望の中にあっても、絶えず前を向いていた。彼はこうも言っています。「できないことに目を向けるのではなく、できることに集中してください」と。彼の体は動かなくなっていったけれど、頭と心は使うことができました。残された能力を最大限使うことに努めました。死と隣り合わせの状態でも、いつも宇宙に夢を馳せました。彼の夢は「宇宙を完全に理解すること」でした。それは容易なことではありませんが、それでも彼は、その夢を抱き続けました。

星を見上げること。彼の探究を支えたのは、いつも彼が、どんな状況であっても持ち続けた夢です。

二つ目は、絶対にあきらめないこと

探究は平坦な道ではありません。ホーキング博士にとってもそうでした。彼は、探究についてこう言っています。「行き詰まっても、怒ってはいけない。そのときは、何が問題かを考え、他の方法を試す。前に進む道を見つけるのに何年もかかることもある。ブラックホール放射理論は、二十九年かかった」と。探究は、一年で終わるものもあれば、ときには、何十年もかかるものもあります。

絶対にあきらめないこと。彼の探究を支えたのは、何年かかっても、失敗しても、いつもチャンレンジし続ける心です。

三つ目は、愛を捨てないこと

障害のあるホーキング博士には、彼を支える家族がいました。余命二年を告げられた翌年には、学生時代に恋人だったジェーンという女性と結婚します。彼女はいつも彼を支えました。彼女との間には、三人の子どもにも恵まれました。子どもたちの存在も彼を支えました。彼の探究は、言うまでもなく、家族という愛の支えがあったから可能でした。この話は、『博士と彼女のセオリー』という映画にもなっています。

愛を捨てないこととは、愛する人を大切にし、感謝することという意味です。ですが、もう一つ意味があります。それは、ホーキング博士の探究は、愛する者のための探究でもあったということです。彼は、宇宙物理学の研究に留まらず、ＡＩ、環境問題、人類の未来といった問題にも積極的に発言しました。それは、自らの研究が愛する者たちが幸せに暮らす未来に繋がってほしいと、考えていたからだと思います。

愛を捨てないこと。探究を支えたのは、愛する者たちへの感謝であり、愛する者たちの未来の幸せに貢献したいという思いです。

みなさんは、ホーキング博士のような長年に渡る宇宙の探究は行えないかもしれません。ただ、探究は、これからの至る場面で必要となってきます。星を見上げること、絶対にあきらめないこと、愛を捨てないこと。ホーキング博士がくれたメッセージをもとに、中学生になっても、大学生になっても、社会に出ても、探究し続けてください。

以上で、最後の授業を終わります。

【参考文献】

岡田昭人『オックスフォードの自分を変える100の教え』ＰＨＰ研究所、２０１６年
Science Higher education profile Return of the time lord
[https://www.theguardian.com/science/2005/sep/27/scienceandnature.highereducationprofile]

其の七

友達―アリストテレスの三つの友情（小学校卒業式）

2014年3月

卒業生のみなさん、卒業おめでとうございます。保護者のみなさま、本日はご卒業、誠におめでとうございます。

今から、旅立つみなさんに、校長として最後の授業をしたいと思います。テーマは「友達」です。

昔からたくさんの人が、「友達とは何か」「友情とは何か」と考えてきました。今日はアリストテレスという人の考えを紹介したいと思います。アリストテレスは、二千三百年前のギリシャという国の大天才の学者でした。二千三百年前というと日本は何時代？（縄文時代）。今あるすべての学問、哲学でも、数学でも、生物学でも、天文学でも、政治学でも、文学でも、すべての学問の大元を辿っていけば、必ずこのアリストテレスの本に辿り着きます。彼は二千三百年も前に、たくさんのことを研究しました（今あるすべての学問の源流をつくったことから「万学の祖」ともいわれています。アレクサンドロス大王の家庭教師でもありました）。

そんな人類の大天才の彼が、「友情」についてどのように語っているのか、気になりませんか？　アリストテレスの書いた大全集の中から、今日一冊を持ってきました。この本に「友情」について書かれている箇所があります。

彼は友情を三つに分けて考えています。一つ目が、「快楽の友情」、二つ目が「損得の友情」、三つ目が「真の友情」です。

一つ目の「快楽の友情」とは、「この人と一緒にいると楽しいから」という理由で繋がる友情です。若者の友達は、このタイプが多く、目の前にある楽しいことをいつまでも楽しんでいたいと思っています。アリストテレスは、若者の恋愛もこれに当たると言っています。

二つ目の「損得の友情」は、「この人と付き合うと得をするから」という理由で繋がる友情です。大人の社会では断然、このタイプが多くなります。友達というよりも、一つの目的で集まった知り合いといった方がいいかもしれません。職場の同僚、取引先で親しくしている人、ママ友、飲み友、ゴルフ友達、ラインゲーム友達もそうしたタイプです。

この第一の「快楽の友情」や第二の「損得の友情」で繋がる友達は、しようと思えば、たくさん増やすことができます。でも、アリストテレスは、そのことについて、面白いことを言っています。

「友達がたくさんいるということは、友達がいないということに等しい」。深い言葉ですね。「快楽の友情」で繋がっている友達は、自分か相手の楽しみが変わってしまえばすぐにいなくなってしまいます。「損得の友情」で繋がっている友達も、共通の目的が変わってしまえば、もう必要なくなります。さらに、アリストテレスは、第一と第二の友情で繋がる友達は、友達であっても、陰で悪口を言っているし、昨日まで親友だと言っていても、すぐに手のひらを返したように、裏切っていくと言っています。

そこで、三つ目の友情が登場します。アリストテレスは、「楽しいからでも」「得するからでも」ない、友情があると言っています。それが、「お互いに相手のことを大切にしたい」という「真の友情」です。

言っておきますが、楽しいで繋がる「快楽の友情」、損得で繋がる「損得の友情」を、アリストテレスはダメだと言っているわけではありません。いきなり、「真の友情」は生まれてこないし、いずれの友達もはじめは「快楽の友情」か「損得の友情」から始まると言っています。

ただ、「快楽の友情」「損得の友情」を本当の友情であると考えている人が多すぎる。それはとても不幸なことだというわけです。すぐには難しいが、そこからさらに発展して「真の友情」を結べる相手を人生の中で得なさいと言っています。

「真の友情」。これについて、実はアリストテレスは、多くを語っていません。でも、「真の友情」というとき、校長先生はふと、思い出す言葉があります。それは、『トム・ソーヤの冒険』を書いたアメリカの19世紀の作家マーク・トウェインの言葉です。彼は友達の役割についてとてもいい言葉を残しています。

「友達の本当の役割とは、あなたが間違っているときでも味方してくれることだ。あなたが正しいときには誰だって味方になってくれる」

この言葉の核心は、間違っていても味方するというところです。落ち込んだときではありません。間違っているときです。正しいときには、多くの人たちが味方になる。人が悲しんでいるときにも、少しの勇気と優しさがあれば、味方になることができる。でも、間違っている人の味方をするというのは、なかなかできるものではありません。

人間は誰でも、過ちを犯してしまう。それを非難したり、その人と関係ないふりをすることは簡単です。このネット社会には「友達」があふれています。ラインやフェイスブックの「友達」ボタンを押せば、すぐに「友達」になれる時代です。でも、ここでの友達とは、基本的にアリストテレスの言う「快楽の友情」「損得の友情」での繋がりしかありません。

今の社会は、「面白いこと」「役に立つこと」には、たくさんの拍手を送るが、「失敗」や「過ち」に対しては、過剰なまでに攻撃を加えます。校長先生は、それを見るたび、悲しい気持ちになります。

校長先生は、マーク・トウェインに習って、このように「真の友情」を定義しています。「真の友情とは、相手が仮に殺人を犯したとしても、最後まで味方になってあげたいとお互いに思うこと」。校長先生には、幸せにもそう思える人が何人かいます。その人たちは、遠方にいて、ほとんど会うことはありませんし、連絡も年に一回あるかないかです。「真の友情」ができると、電話をかける回数や、会うか会わないかはどうでもよくなります。

みなさんの今後の人生で友人関係に悩んだとき、今日の話を思い出してくれるとうれしいです。「快楽の友情」「損得の友情」もいいでしょう。でも、そこから進んで、「この人ならば、何があっても味方してあげたい」と思える、「真の友情」で結ばれる人と巡り合えることを願っています。

以上で、最後の授業を終わりにして、校長のお祝いの言葉といたします。

【参考文献】

『アリストテレス全集13　ニコマコス倫理学』岩波書店、1973年

ジョン・P．・ホームズ、カリン・バジ編（ディスカヴァー21編集部訳）『世界一の毒舌家マーク・トゥエイン150の言葉』ディスカヴァー・トゥエンティワン、1999年

中学校

Junior High School

其の八

一流と二流―紙一重の心の持ち方

（中学校・高等学校合同入学式）

2015年4月

新入生のみなさん。ご入学おめでとうございます。保護者のみなさま、本日はお子様のご入学、誠におめでとうございます。

みなさんにはそれぞれ夢があると思います。本校には充実した教育環境や優れた教師がいますが、実はそれだけでは夢は叶いません。もう一つ、決定的な要素があります。それは、みなさんの「心の持ち方」です。

最近、私は興味深い本を手にしました。それは、2010年にスティーブ・シーボルトが書いた全米でベストセラーとなった本です。日本語訳も出ています。そのタイトルは『一流の人に学ぶ自分の磨き方』という本です。興味のある人は、是非書店で手に取ってみてください。

スティーブ・シーボルトは、元プロテニスプレーヤーで、世界ランキング十位以内を夢にプレーを続けましたが、ついにその夢は叶いませんでした。その後、十年間かけて「一流と二流との間にはどんな差があるのか」研究し続けました。プロスポーツ選手だけでなく、実業家、作家、研究者など各界の著名人に話を聞き、その著作を読み、両者の違いについて考え続けました。その研究の集大成がこの本です。

この本の結論がとても興味深い。それは、大きな夢を実現する一流の人と、平均的な二流の人との違いは、紙一重だと言うのです。通常私たちは、一流の人は、並外れた才能に恵まれているからそうなるのだと考えます。例えば、錦織圭は、もともとすごいテニスの才能があったのだから今あの地位にいると、誰しも思うでしょう。しかし、著者は、それはまったくの誤解で、ごくわずかな「心の持ち方」の差に過ぎないといいます。その「心の持ち方」は、明日にでも簡単に実行できるものです。

その「心の持ち方」とは、どんなものか。本には、一流と二流の「心の持ち方」の違いがいくつも書かれています。ここですべて述べるわけにはいきませんが、今日は、そのうち三つを取り上げてみたいと思います。

一つ目は信念について

二流の人は、「できない」と思い込み
一流の人は、「できる」と考える

「できっこない」と人から笑われるくらいの大きな「夢」を持ってほしいと思います。それに対して、「できる」という強い信念を持ってください。「できる」「必ずやる」と未来志向になることが、夢の出発点です。

一年前、誰がテニスのグランドスラムの決勝に日本人が立つと考えたでしょう。人にできっこないと笑われても、錦織圭は、「グランドスラムで優勝する」「自分にはそれができる」という信念をずっと持ち続けてきました。その信念が何より、今の彼の強さをつくり上げています。一流の人は、「できる」と考えます。

二つ目は目標設定について

二流の人は、年の初めに目標を設定し、翌年までそのままにする
一流の人は、絶えず目標を設定し、その達成にこだわる

大きな夢を達成するためには、絶えずその途中に細かな目標（すべきこと）を設定し、

その達成に集中することが必要です。まずはみなさんの持っている大きな夢と、これからすべき具体的な目標を紙に書いて壁に貼り、自分自身を鼓舞しましょう。そして同時に、周りの人にもわかるように表明し続けましょう。

一流の人は、軌道修正のプロでもあります。失敗したりスランプに陥ったりしても、過去にこだわり、迷っていてはいけません。前を向いて即座に軌道修正を行い、絶えず目標を設定し直して、目の前の目標に集中します。そうするとスランプのときの迷いがなくなります。錦織圭は「僕は、スランプに陥ったとき、過去のことばかりこだわっていました。ふと目の前の目標に集中したら、嫌なことはすべて消えていました」と言っています。一流の人は、絶えず目の前に細かな目標を設定し、その達成にこだわります。

三つ目は本当の戦う相手について

二流の人にとって勝利とは、他者に勝つことを意味している
一流の人にとって勝利とは、自分に勝つことを意味している

大学受験でもクラブの大会でも、他者を蹴落とすことを目指していてはいけません。他者に勝つことは、自分に勝つことを目指す中での結果に過ぎません。一流の人にとって戦

う相手は、自分自身です。自分の弱さと戦い、それを乗り越えていくことに喜びを感じることこそが大切です。そして、自分に勝つことを楽しむことができれば、夢を自分へと引き寄せることができるでしょう。一流の人にとって勝利とは、自分に勝つことを意味しています。

ここまで、三つの「心の持ち方」を紹介しました。「できる」と考えること。絶えず目標を設定し、その達成にこだわること。他者でなく自分に勝つこと。

今日からの学校生活が、みなさんのそれぞれの夢を叶えるものとなることを願っています。

以上で、校長の式辞を終わります。

【参考文献】

スティーブ・シーボルド（弓場隆訳）『一流の人に学ぶ自分の磨き方』かんき出版、２０１７年

其の九

GRIT――「やり抜く力」とは

（中学校・高等学校合同入学式）

2018年4月

新入生のみなさん。ご入学おめでとうございます。保護者のみなさま、本日はお子様のご入学、誠におめでとうございます。

「GRIT」（グリット）。本日、晴れて山梨学院中高の生徒となったみなさんに、校長から贈る言葉は、「GRIT」。この言葉です。

みなさん。これからの人生の成功を決めるものは何だと思いますか。みなさんの夢を実現させるものは何だと思いますか？　抜群の運動神経の良さでしょうか、持って生まれたIQの高さでしょうか？

iPhoneで有名なアメリカのApple社の創業者のスティーブ・ジョブズ。みなさんも名前を聞いたことがあるかもしれません。彼はこれまで、コンピューターの常識を覆す製品を次々に開発・発表し、世界を変えた男といわれています。彼には類まれなIQがあったのでしょうか？　実は、彼の高校の成績は平均的なものでした。しかも、大学も一年で中退しています。

バスケットボールの神様といわれたマイケル・ジョーダン。ＮＢＡの試合で、バスケットボールのスーパープレーを連発していた彼も、高校二年生のときは自分がいた高校の代表メンバーにすら選ばれず、泣きながら家に帰ったというエピソードがあります。では、スティーブ・ジョブズ、マイケル・ジョーダンはどのようにして世界的な成功者となったのか。彼らには「ＧＲＩＴ」があったからです。

「ＧＲＩＴ」は、今、アメリカの教育学や心理学の研究者の中で注目されています。「ＧＲＩＴ」とは何か。「ＧＲＩＴ」を日本語に訳せば、「やり抜く力」です。スポーツや科学や経済などあらゆる分野で成功者となっている人物を研究した結果、彼らには共通してこの「やり抜く力」があるということがわかってきたのです。

「やり抜く力」とは、目標に向かって一直線に進み、最後までやり遂げる情熱と忍耐です。また、それは、最悪な状況下でも、強い覚悟を持って戦い抜く強靭さでもあります。

「やり抜く力」のいいところは、生まれつき持っているものでなく、これからでも獲得できる点です。ですから、今まで、三日坊主だなと思ってきた人でも、今日からこの力を強くしていくことができます。さらに朗報なのは、何かを全力で成し遂げ、一旦「やり抜く力」を持つと、他の新しい物事の習得にもその力が発揮されやすくなります。例えば、二千語の英単語一冊を完璧に覚えるまでやり通せた人は、次に古典単語や生物用語を覚えるときにも、この「やり抜く力」が発揮されます。クラブ活動の苦しい練習をやり抜いてきた生徒は、同時に学校の成績も高いという現象。私はよく見てきました。「やり抜く力」が他の知識や能力の獲得にも影響を与えているいい例です。

「やり抜く力」を持つ人は、新しい課題に対しても「やり抜く力」を使うことができます。逆にいうと、一つもやり抜いたことのない生徒は、これからどんなこともやり抜くことはできません。これまでは、人より少し優れた才能や人より早く始めた練習で成果を出せることはあったでしょう。けれど、これからの学校生活、もっといえばこれからの人生においては、その貯金はないに等しいと思ってください。「やり抜く力」を獲得してこそ、みなさんの夢の実現や人生の成功は保障されます。

「やり抜く力」。でも、どうやって、粘り強く練習したり、挫折せずに課題を継続することができるようになるのでしょうか。その成功の鍵は、いくつかあるのですが、ここでは「やり抜く力」を身に付けるために、私から三つアドバイスしたいと思います。

一つ目は、まず好きなことから始めること

みなさんの中には、すでに「やり抜く力」を持っている生徒もいると思います。けれど、多くの生徒は、まだ十分な「やり抜く力」を身に付けている訳ではありません。そんなみなさんに、お勧めするのが、まずは好きなことから始めることです。嫌なことをオーバーペースでやるというのは、間違っています。そんなことをしてしまえば、潰れてしまって、一生、「やり抜く力」とは無縁な人生を送ってしまうことになります。やり抜く力を獲得するための第一段階は、何よりも「好きなこと」に取り組むことです。練習の過程では、ときに、苦しい課題に挫折しそうになることも、成果が出ずに投げ出したくなることもあります。そんなときでも好きなことなら、「できるようになりたい」「上手くなりたい」というモチベーションを持続させることができます。成績を伸ばしたいなら、まずは好きな教科の参考書でも問題集でも、徹底的にやり抜いてみてください。野球のバッティングが好きなら、それを極めてみてください。まずは、好きなことの超一流を目指すことです。

本校の中学生の中には、歴史好きから出発して、世界遺産検定一級、マイスターを全国最年少記録で獲得した生徒もいました。また、科学好きから、石油コンビナートを管理できる危険物取扱甲種という難関国家資格を県内最年少記録で取得した生徒もいました。彼らは、難関資格だけでなく、これからの人生を切り拓いていく「やり抜く力」をも獲得し

たのだと思います。

二つ目は、計画的で高みを目指す練習をすること

これも誤解されやすいのですが、私たちは、練習や課題をできるだけ多く、しかも長くやれば、より成長できると考えがちです。しかしそれは間違っています。一流選手の練習時間が、他の選手より長いのかといえば、そうではありません。一流選手たちは、漫然と日々の練習をこなしていません。常に計画的で高みを目指す練習を心掛けています。

彼らの多くは、三年、一年、三か月、一か月、一週間、一日の単位で、自分の目標を設定し、その目標を達成するための具体的なメニューを考えています。一番大切なことは、目の前の具体的なすべきこと、今日すべきことがはっきりとわかっているようにすることです。本校の中学生は、すでに使っていますが、今年からは高校生のみなさんにも、自己の目標・計画・評価を書き込むことができるオリジナル手帳を持ってもらいます。様々な単位で計画を立てることが可能な手帳です。是非、自分の夢を実現させるために、この手帳を活用してほしいと思います。ただ、付け加えるならば、計画は上手くいかないことの方が多い。そのときは、日々の計画を躊躇なく、修正していってください。計画は修正するためにある。重要なことは、あきらめないことです。

一流選手は、練習の最中に、常に高みを目指しています。まず取り組む対象は、一点集中です。あれもこれも手を出しません。これは、勉強にも言えます。みなさんが参考書や問題集を選ぶときにもあれこれ手を出さず、いいものを一点集中で完璧になるまで何度も繰り返してください。そして、練習を行う際に大事なことは、計画的に行いつつも、常に高みを目指すというやり方を行うことです。水泳で百メートルを一分十五秒で十本泳ぐことを課したとき、翌日は同じように行うのではなく、自分であえて一分十四秒を意識しながら泳ぐようにします。勉強においても、覚え方や学習時間・場所など工夫を凝らし、一つでもノルマを超えるように意識することです。単純な反復の中に、常に高みを目指す意識があるかどうかが、一流選手と二流選手を分ける境目だといわれています。

三つ目は、やがて苦しくなくなる瞬間が来ることを知る

練習や課題を継続していっても、すぐに効果は出てきません。特に、最初はつらいことばかりかと思います。まず、みなさんには、練習量や練習時間に比例して、右肩上がりに能力が開花していくわけではないということを知ってほしいと思います。でも、継続すれば、一気に能力が伸びる瞬間が訪れます。この瞬間を経験すれば、不思議なことに、最初あれほどつらかった日々の練習や課題がつらくなくなります。その状態になれば、心地よさすら感じるようになります。「やり抜く力」を獲得するための努力は、最初はつらい。

けれど、そのとき、これはいつかくる飛躍のための助走段階なんだと思ってください。

まず好きなことから始めること。計画的で高みを目指す練習をすること。やがて苦しくなくなる瞬間が来ることを知ること。この三つを心掛けて、ここにいる全員が「やり抜く力」を獲得していってほしいと願っています。

「GRIT」「やり抜く力」。この言葉を、入学するみなさんに贈り、私からの挨拶とさせていただきます。

【参考文献】
アンジェラ・ダックワース（神崎朗子訳）『やり抜く力―人生のあらゆる成功を決める「究極の能力」を身につける』ダイヤモンド社、2016年
リンダ・キャプラン・セイラー／ロビン・コヴァル（三木俊哉訳）『GRIT（グリット）―平凡でも一流になれる「やり抜く力」』日経BP社、2016年

其の十

才能─「しなやかマインドセット」（中学校・高等学校合同入学式）

2019年4月

新入生のみなさん。ご入学おめでとうございます。保護者のみなさま、本日はお子様のご入学、誠におめでとうございます。

みなさんは、素晴らしい成果をあげている人を見ると、生まれつきの才能があるためだと思っていませんか。大村智先生のようなノーベル賞受賞者、イチローのような大リーガーから、身近なところでは、東京大学に合格した先輩たち。確かに、彼らには、一定の生まれつきの才能はあります。しかし才能に恵まれている人がいつも成果をあげているかというと、必ずしもそうではありません。生まれつきの才能があっても「あるもの」がなければ、その才能を生かせずに終わってしまう人も多くいます。その反対に、一見すると才能には恵まれていないように思える人が、コツコツと努力して、才能がある人間よりも大きな成果を生むこともあります。

みなさんの持っている才能を十倍にも二十倍にもしてくれる、あるものとは何でしょうか？　それは、今、心理学で注目されている「マインドセット」と呼ばれるものです。「マインドセット」は、これまでの経験や教育によってつくられてきた物の見方や思い込みを差します。「マインドセット」は、みなさんの行動の土台となって、知らず知らずみなさんを支配しています。

新入生のみなさんがこの学校で飛躍的な成長を成し遂げ、夢を実現し、さらには人生を豊かにしたいのであれば、まずは正しい「マインドセット」を持つことです。

心理学の世界的な権威、スタンフォード大学教授のキャロル・S・ドゥエックは、三十年におよぶ人物研究を行った結果、人々には二つの「マインドセット」があることに気付きます。一つは、「しなやかマインドセット」、もう一つは「固定されたマインドセット」です。彼女は、この二つのうちどのマインドセットを選ぶかによって、人生は大きく変わってくると主張します。

「しなやかマインドセット」「固定されたマインドセット」。みなさんは今どちらを持っているでしょうか？　それを確認するために一つ質問したいと思います。みなさんは、才能のある人とはどういった人物だと思いますか？　この質問を小学校四年生くらいの子どもにすれば、ほとんどがこう答えます。「努力をしなくてもできる人」。逆に、大人に同じ質問をすれば、意見が割れます。一方が小学生と同じ「努力をしなくてもできる人」。もう一方が、「努力をしてできるようにする人」です。面白いですね。才能についての考えが、正反対ですね。

もし、今、みなさんが「努力をしなくてもできる人」と考えたならば、それは「固定されたマインドセット」を持つ人です。才能は生まれつきのものであり、それはほとんど変化しないと考えています。そのように才能を固定的に捉えると、一回の結果ですべてが決まってしまうと考えがちになります。「固定されたマインドセット」を持つ人にとって、成功とは自分の賢さを示すことであり、優先すべきは他人に優秀だと評価されることだと考えます。すると自分の不得意な問題、難しそうな問題からは目を背け、すぐに解決可能な課題だけに取り組む傾向が強くなっていきます。人の評価を気にするあまり、一回の挫折で、すべてが終わったと諦めてしまいます。

反対に、「努力をしてできるようにする人」と答える人は、「しなやかマインドセット」を持っています。才能は伸ばしていくことが可能であると考えていて、努力によってこそ人は賢くなっていくと考えます。こうしたマインドセットを持つ人は、失敗を自分の成長のための糧だと思っています。今の自分を正しく受け止め、何が足りないのか、何をすべきかを考えるようになります。「固定されたマインドセット」の人は他人からの評価に興味を持ち、「しなやかマインドセット」の人は自分を向上させることに興味を持っているといえるでしょう。

思い出してください。みなさんは幼いころ、学ぶことが大好きだったはずです。みんな「しなやかマインドセット」を持っていました。失敗を恐れないし、恥ずかしがったりもしなかったはずです。ところが成長にともない、「固定されたマインドセット」が植え付けられてしまうと、たちまち失敗しないことにしか取り組まないようになります。そして成長が止まってしまいます。失敗を恐れずに果敢に挑戦し、欠点があれば直そうと試みる。そんな「しなやかマインドセット」があれば、たとえ自信などなくても尻込みせず、常に前向きな気持ちで物事に挑戦できるようになります。

大村智先生も、イチローも、自身の著作の中で述べていますが、彼らはごくごく普通の少年でした。秀才でも天才バッターでもありませんでした。東京大学に受かった先輩たちも、小学校や中学校一年生くらいまでは、ごく普通の成績しかとっていませんでした。すべての成功者に、共通しているのは「しなやかマインドセット」を持っていることです。才能は伸ばしていけるという揺るがない信念を持ち、失敗から学び、努力することを惜しまなかっただけです。

新入生のみなさん。この瞬間から「しなやかマインドセット」を選択してください。このマインドセットを持てるかどうかは、中学校や高等学校での成功だけでなく、人生百年時代の成功にも大きな影響を与えます。才能は伸ばしていけます。失敗から学び、努力することを惜しまず、自分をどんどん変えていきましょう。

以上で、校長の式辞といたします。

【参考文献】
キャロル・S・ドゥエック（今西康子訳）『マインドセット「やればできる!」の研究』草思社、2016年

其の十一

針路―風はすべて追い風（中学校卒業式）

2017年3月

卒業生のみなさん、卒業おめでとうございます。保護者のみなさま、本日はお子様のご卒業、誠におめでとうございます。

「風はすべて追い風。わたしがどこを向くかだ」

ちょうど三年前になるでしょうか。新宿のルミネの広告でこの言葉に出会いました。人生をポジティブに捉えた、とてもいい言葉だなと思って、記憶にとどめました。

人生において、風が追い風ばかりということはありません。この四月からはじまる高校生活、このキャンパスでの後半の三年間は、それぞれの夢の実現に向けて、まさに努力の三年間となります。朝から晩までの学業生活、土日も、これまで以上に忙しい日々になります。

努力した分、成績アップや、クラブの大会での勝利に結びつけば、人生追い風でやる気も出てきます。でも、そう上手くいきません。ときに、学業不振に陥ったり、プレッシャーや課題に押しつぶされそうになることもあります。努力したのに強い向かい風がみなさんに吹き付けることもあるでしょう。そのとき、今日の話を思い出してほしい。

「風はすべて追い風。わたしがどこを向くかだ」

みなさん知っていましたか。ヨットは向かい風でも前に進むことができます。正確に言えば、正面の風に対して直進することはできませんが、帆であるセールを操作すれば斜め前に進むことができます。ジグザグに折り返しながら、少しずつ目的地に進むことができるんです。向かい風であっても、横風であっても、すべての風を目的地に進む、推進力に変えることができます。ヨットはまさに、すべての風を追い風にすることができる、すごい乗り物なんです。

人生においても、向かい風を目的地に進むための力に変えていくことができます。すべての風を推進力に変えることができます。

みなさんに向かい風が強く吹き付けるとき、そのまま正面突破をしてはいけません。セールの方向を変えて、少しずつでいいから、目的地に進むための推進力に変えていってください。

勉強方法を変える、練習の仕方を変えるということも大切ですが、一番に変えるのは、考え方です。悲劇の人間として自分を考えるのではなく、ポジティブに自分を捉えてみてください。これまでの映画史上の中で、向かい風のない映画が、ヒットしたことは一度だってない。追い風だらけでハッピーばかりの映画を誰がみたいと思うでしょう。主人公の苦しみや挫折があって、それを乗り越えようとするからこそ、シナリオに起伏ができて、魅力的な映画になっていく。そう、向かい風のとき、あなたたちは、大ヒット映画の主人公。最後のエンディングの感動シーンのために、今の向かい風のシーンが必要なんだと考えてみてください。

人生は追い風ばかりではないが、向かい風ばかりでもない。追い風はいつかやってくる。いつやってくるかは、誰にもわかりません。でも少なくとも言えることは、航海をやめない者だけに、目的地を追い続ける者だけに追い風がやってくるということです。目的地までのコースが、最短距離なんてあり得ない。航海のコースは、ジグザグでも、大きく外れても大丈夫。まったく遠ざかっていったとしても、逆方向から、地球を一周して、目的地に辿り着くことだってできる。重要なことは、みなさんが目的地に到達することを諦めないということです。

目的地をしっかり見据えくださない。航海の途中で度々訪れる向かい風のときには、心のセールをポジティブな方向に変えてみてくださない。そうすれば、きっと、先に進む推進力を得ることができます。

「風はすべて追い風。わたしがどこを向くかだ」

この言葉をみなさんに贈って、校長の式辞といたします。

其の十二

最初の一歩―石山次郎という男の生き方（中学校卒業式）

2019年3月

卒業生のみなさん、卒業おめでとうございます。保護者のみなさま、本日はお子様のご卒業、誠におめでとうございます。

石山次郎。みなさん彼を知っていますか。彼の名前は、マニアックな人なら知っていますが、ほとんどの人は聞いたことすらないと思います。

彼は岩手県の新日鉄釜石ラグビー部に所属し、今もラグビーファンの中で語り継がれる日本選手権七連覇に貢献した選手でした。1980年代前半は、まさに新日鉄釜石の黄金期でした。その強さから選手たちは「北の鉄人」と呼ばれ、釜石市は「ラグビーと漁業の町」として全国に知られていました。日本選手権で優勝するたびに、漁船ではためくカラフルな大漁旗が街中で振られ、「北の鉄人」たちがお祭り騒ぎで出迎えられました。石山次郎も「北の鉄人」の一人でしたが、力強いそのプレーとは対照的に人前で多くを語らない控え目な真面目なラガーマンでした。石山は、日本選手権での連勝がライバルの神戸製鋼ラグビー部によって阻まれた二年後に、選手を引退します。その後は新日鉄のパイプラインの建設に関わり、会社員として真面目に働き続けてきました。なお、新日鉄釜石ラグビー部は、その後低迷を続け、2001年には廃部となります。

2011年3月11日。東日本大震災。釜石市に十メートル近い津波が襲いかかります。そのとき、石山は、静岡で工事をしていました。テレビに映る釜石市の惨状を見て、いてもたってもいられなくなって、車に救援物資を積んで釜石市へ向かいます。津波で破壊され、瓦礫の山となった街。かつての面影がまったくなくなった釜石市を見て、彼は愕然とします。

彼は、支援活動を続けながら、自問自答します。希望を失った釜石の人を元気づけるには、どうすればいいのか。釜石をかつての夢のある街にするにはどうすればいいのか。彼は考えた末、一つの答えに辿り着きます。「釜石にはラグビーしかない」「ラグビーで釜石を元気にするしかない」。石山は、震災の四か月後には、ラグビーワールドカップの会場として、釜石市が立候補すべきであると、周りの人たちの説得をはじめます。誘致によって、会場建設の雇用が生まれる。そして何よりも、世界の祭典を呼ぶことで、釜石市はかつての活力を取り戻すことができるはずだ。石山はそう考えました。

しかし、周りの人たちは石山の提案に冷ややかでした。猛烈に反対する住民もいました。住む場所も、仕事も、家族も失っている中で、なんて馬鹿なことを言っているんだ。明日どうやって生きていくかもわからないのに、四年後、七年後の釜石を考えることなんてできない。そんな金があるんだったら、違うものに使え。そう彼に食ってかかる人もいました。それでも、石山は、ワールドカップ招致の意義を一人ひとり説得していきました。決して社交的ではなかった、人前で話すことすらしたことのなかった彼は、全国を飛び回り、支援を呼びかけていきます。そして、全国にいる新日鉄釜石のOBと連携して、釜石にワールドカップを誘致するためのNPO法人も立ち上げます。

この呼びかけに、新日鉄釜石のかつてのライバル、神戸製鋼の人たちも応えます。神戸製鋼ラグビー部選手やOBがたびたび釜石市を訪れ、被災地での支援活動に参加するとともに、釜石市でのワールドカップ開催を実現するためのイベントを全国で開催するようになりました。少しずつ、全国で賛同者が増えてきました。やがて、釜石市市長も石山の度重なる説得に応じて、正式なワールドカップ招致を決意するようになります。

釜石へのワールドカップ招致の最大の壁は、世界ラグビー協会の現地調査でした。釜石市には国際大会を開けるスタジアムもなければ、鉄道もホテルも多くが被災していました。岩手県にある人口三万四千人の被災した小さな街には、国際大会を開催できる能力などありません。ただ、津波によって骨組みだけになった建物と、スタジアム建設予定地に残土があるだけでした。

２０１５年１月、世界ラグビー協会の三人の外国人が現地調査のために釜石市にやってきました。スタジアム予定地を訪れた三人は、奇妙な光景を目にしました。縦百三十メートル×横八十メートルの四辺に並んで、大漁旗を振る地元の子どもたちの姿でした。その四辺は、今はない未来のスタジアムのピッチを表していました。訪問時間を過ぎても、大漁旗はずっとずっと振られ続けていました。石山のワールドカップ招致という夢が、釜石市民の夢になった瞬間でした。

この訪問調査の二か月後、石山そしてすべての釜石の人々が見守る中、釜石市が正式なワールドカップ開催地として決定されました。決定後、石山は釜石市のスタジアム建設の作業員となるために、新日鉄を辞めてゼネコンの下請け会社に就職します。自分の手で杭を打ち、芝の状態を確かめながら、スタジアムを引き渡すまで釜石市のワールドカップ招致を支え続けました。

２０１９年９月、今年の秋に日本でラグビーワールドカップが開催されます。このメモリアルな年に中学校を卒業するみなさん。私はどうしても卒業生のみなさんに石山次郎を知ってほしかった。希望のない街で、一人の男が描いた夢が、やがてみんなの夢となり、最終的にはワールドカップ招致へと繋がっていきました。石山の夢は、もし市長が反対していたら、神戸製鋼の応援がなかったら、釜石市民の支持を得られなかったら、現地調査で開催不可能と判断されていたら、実現されなかったかもしれません。でも、少なくとも言えることは、石山が躊躇なく踏み出した第一歩がなければ、すべてが始まらなかったということです。

小説家の唯川恵さんの本にこんな言葉があります。

「最初の一歩を踏み出すこと。結果は後からついて来る。もちろん希望通りの結果とは限らない。でも、踏み出さない人に、結果は決してやって来ない」

みなさんの夢が実現するかどうかは、誰にもわかりません。でも、踏み出した者にしか結果はついてきません。「最初の一歩を踏み出すこと」。ラグビーを見るたびに、石山次郎の「第一歩」を思い出してほしいと思います。

以上で、校長の式辞といたします。

【参考文献】
唯川恵『明日に一歩踏み出すために』ＰＨＰ研究所、１９９９年
日刊スポーツ「小さな町の大きな挑戦！ラグビーが釜石の再生に貢献」
[https://www.nikkansports.com/sports/rugby/column/rwccomes/news/201809260000374.html]
日刊スポーツ「伝説のラガーマン石山次郎さん、W杯釜石開催に尽力」
[https://www.nikkansports.com/sports/news/201808160000433.html?Page=2]

其の十三

贈与──羽生選手と大谷選手の共通点（中学校卒業式）

2021年3月

卒業生のみなさん、卒業おめでとうございます。保護者のみなさま、本日はお子様のご卒業、誠におめでとうございます。

みなさんがよく知っているスケートの羽生結弦選手と大リーガーの大谷翔平選手。彼らの共通点は何でしょうか？　スーパースター、東北出身、イケメン、いろいろあると思います。まずはそうした答えが出てくると思います。実は、二人の共通点は、「ゴミ拾い」をしているということです。

三年くらい前でしょうか。あるとき、大谷選手が出場している試合をテレビで見ていました。彼がフォアボールで一塁に出塁します。相手のピッチャーから牽制球がときどき投げられてくるのですが、その間に長い足を一塁に架けながら、グラウンドに落ちているゴミを拾ったのです。また別の日には、バッターボックスに立ったとき、ホームプレートにある土やゴミを拾ったり、手で掃いたりしていました。ネットで調べてみると、大谷選手はグラウンドのみならずロッカールームや至るところで、ゴミ拾いを積極的に行っていることがわかりました。まさかと思いさらに調べてみると、羽生選手もゴミ拾いを日課にしていることが判明しました。羽生選手は無名のときからロッカールームを隅々まで綺麗にしていた姿が目撃されてきたそうです。

彼らが行っている「ゴミ拾い」。それは哲学的に言えば、「贈与」と呼ばれるものです。フランスの哲学者のデリダは、「贈与」について面白いことを言っています。「贈与」ときくと、みなさんはAさんがBさんにプレゼントを贈り、Bさんもそれに応えてAさんにお返しするという行為を思い浮かべるかもしれません。例えば、バレンタインデーにチョコをもらったら、ホワイトデーにお返しする、といった行為です。しかしデリダによれば、それは「贈与」ではなくて「交換」だと言います。世の中は、ほとんどが「交換」で成り立っています。経済活動はすべて「交換」です。コンビニでジュースが欲しければ、必ずお金と「交換」しなくてはなりません。コンビニでアルバイトをしたら、アルバイト代をもらえます。労働と給与を「交換」しているのです。しかし、「贈与」とはこうした「交換」とは異なるものです。

デリダによれば、「贈与」とは何らお返しを求めずに与えることであり、相手にそれを期待しない行為であると言います。さらに彼は、本来の「贈与」（それを「純粋贈与（pure gift)」とも言いますが）とは、Aさんも与えることを意識しないし、受け取るBさんも与えられることを意識しないと言います。世の中にそんなことってあるのでしょうか？　例えば、幼い子どもの世話をしているお母さん。見返りを求めていませんし、意識もしていません。もちろん受け取る幼い子どももプレゼントを受け取っていることを意識していません。これが「贈与」です。

私たちの社会は多くの「交換」で成立しています。そして、私たちの考え方もしばしば「交換」に支配されます。「これは自分の得になるのか」「これは評価に関係ないから、やる必要はない」「こんなにしたのに何も返してもらえないのはおかしい」と損得でのみ物事を考えてしまうこともあります。しかし、社会をより深く洞察すれば、決して「交換」では説明できない「贈与」という行為があることに気が付きます。先ほどの子育てもそうです。学校の先生だって、受け取る給与や自分が受ける評価とは関係なく、無意識に見返りを求めない「贈与」をみなさんに行うときがたびたびあります。

「贈与のリレー」という言葉があります。京都大学の矢野智司先生の言葉です。「贈与」はそれを受けた人に何らかの影響を与え、「贈与」を受けた人はまた別の誰かに「贈与」を行うというものです。「贈与」は、「交換」と違って、返却の期限はありません。何十年かあとになって「贈与のリレー」が開始されることもあります。例えば、母親からの世話、すなわち「贈与」を受けた子どもは、自分が親になったときに、今度は自分の子どもに対して「贈与」を行います。「贈与のリレー」これこそが「交換」にはない「贈与」の素敵なところです。

羽生選手が平昌オリンピックで金メダルを獲得したとき、地元の仙台市で十万人を集めた祝賀パレードがありました。そのとき誰が言い出したのか知りませんが、ツイッターで「ゴミを出さない。ゴミがあったら持ち帰ろう」と呼びかけられました。パレードの後、仙台市が千人規模で清掃をしようとしましたが、一つもゴミが落ちていなかったという逸話もあります。羽生選手の様々な「贈与」が化学反応してファンの「贈与」にリレーされた事例です。

成熟した社会とは、ＡＩなどの情報技術に囲まれた社会ではありません。「贈与のリレー」があふれる場所こそが成熟した社会だと私は思います。そのためにも、みなさんのこれからの人生を「交換」にのみ支配されることのないようにしてほしいと願っています。羽生選手も大谷選手も彼等の功績以上に人間として大きく見えるのは、きっと「贈与」のある人生を送っているからだと思います。「ゴミ拾い」というほんの些細な行為でもいい、「贈与」のある人生を送っていってください。

以上で、校長の式辞といたします。

【参考文献】

矢野智司『贈与と交換の教育学—漱石、賢治と純粋贈与のレッスン』東京大学出版会、2008年
日経ビジネス「大谷選手のベース掃きと羽生選手のゴミ拾い」
[https://business.nikkei.com/atcl/report/16/122600093/042500066/]

其の十四

感謝―アスリートはなぜその言葉を口にするのか

（中学校卒業式　２０１８年３月）

　卒業生のみなさん、卒業おめでとうございます。保護者のみなさま、本日はお子様のご卒業、誠におめでとうございます。

　冬季オリンピック史上、最多のメダル獲得に湧いた平昌大会。私もテレビの画面を通じて、観戦しました。みなさんもテレビの前で手に汗握りながら、応援したと思います。ケガを克服し、見事に二大会連続の金メダルを獲得したフィギュアスケートの羽生結弦選手。ワンラインでラップを刻み、見事に頂点をつかんだチームパシュート。四年に一度の世界最高の舞台での活躍に、私たちは胸を熱くしました。

　テレビを見ている中で、一つの発見がありました。もしかしたら、みなさんの中にも気が付いた人がいるかもしれません。メダルをとれた選手も、惜しくも実力を出せなかった選手も、試合後のインタビューで必ず発する言葉がありました。それは、「感謝」「ありがとう」という言葉です。スタッフに対して、両親に対して、日本で応援してくれるファンに対して、メダルを競い合ったライバルに対して。誰もが必ず、感謝の言葉を述べる。

なぜ、トップアスリートたちは、「感謝」の言葉を繰り返すのか。日本オリンピック委員会の役員からインタビューでそう言いなさいと指導を受けているからでしょうか。ファンサービスのためでしょうか。私には、そうは見えませんでした。自然に出てきた彼らの純粋な気持ちのように見えました。と同時に、私に一つの仮説が生まれました。世界で活躍するトップアスリートたちは、共通してこの「感謝」の気持ちを持っているのではないか。いや、むしろ、「感謝」の気持ちを持ち、それを言葉にできるからこそ、彼らは強くなり、オリンピックという夢の舞台に立つまでに至ったのではないか。

感謝の気持ちを素直に伝えたら、相手は喜びます。それは、誰もが知っています。でも感謝は、相手を幸福にさせるためだけにあるのではありません。みなさん自身の「成長」を支え、みなさんを幸福へと導くものでもあります。なぜそう言えるのか。その理由を、二つの点から考えてみたいと思います。

「感謝」がみなさんの成長を支える一つ目の理由。それは、感謝ができると、多くのことを学べるようになるからです。

「自分が一番偉い、自分がいつも正しい」と思っている人からは、決して「ありがとう」という言葉は出てきません。確かに、オリンピックで活躍する選手は、「勝ちたい」という不屈の精神と、自己を肯定し信じ続ける力を持っています。ただ、その気持ちだけでは、強くなれません。そこまでなら二流選手に留まります。どんなにできる人でも、スランプに陥ることもあるし、努力してもなかなか結果に結びつかないこともあります。そんなときに、彼らは躊躇なく、困難を乗り越えるため、周りの声に耳を傾けます。感謝ができる人には、相手をリスペクトする「謙虚さ」が備わっています。感謝の気持ちを持つ人は、我を張らず、絶えず周りの声を聞こうとする「素直さ」を持っています。

受験生の指導に長年携わった吉田副校長も、本校野球部監督の吉田監督も、成長する生徒の秘訣としてよく私と話すのが、この「謙虚さ」と「素直さ」です。「謙虚さ」と「素直さ」を持つ生徒は、教師からも、友達からも、失敗からも多くのものを学んでいくと言います。「ありがとう」「ありがとうございます」と言える人は、周囲のものから物事を吸収できる心構えを身に付けている人間です。周りから多くのことを学ぶことができる人です。

「感謝」がみなさんの成長を支える二つ目の理由。それは、感謝ができると、いつも前向きに物事を考えられるようになるためです。

もともと、「ありがとう」の語源は、昔の「有り難し」から来ています。「有ることが難しい」ということですから、「めったにない」ことという意味です。では、みなさんに質問です。「ありがとう」の反対語は何ですか？　そう「当たり前」です。先生がいること、家族がいること、友達がいること、学校に行けること、健康でいること。当たり前すぎて、今まで感謝することはなかったかもしれません。私たちの多くは、情けないことに、「当たり前」の何かを失ってみないとその価値に気付きません。でも、トップアスリートの人たちは、自分が今あることを「当たり前」とは考えません。人との出会い、ライバル選手の存在、試合に出られること、練習でのささやかな成長、ありとあらゆるものに、感謝の気持ちを持っています。

サッカーの長友佑都選手は、こう述べます。「ありがたいなと思う気持ち、感謝の気持ちを持つことは、小さな幸せを手にするチャンスをたくさんつくってくれる」「このちっちゃな幸せを積み重ねていくことが大切」「成長するために、感謝の心は必要不可欠なんだ」と。

トップアスリートが口にする「当たり前」への感謝。それを、「当たり前」でない、逆境の中でも実践した選手がいます。羽生結弦選手です。平昌オリンピックの後のインタビューは私にとって驚きでした。「ケガがなかったら金メダルはとれていなかったかもしれない」「右足に感謝する」。彼はそう言いました。右足のケガでオリンピックの出場も危ぶまれていた状況。直前までリンクで練習できず、心の中は不安だらけだったと思います。そんなとき、彼は、「右足」の不運を嘆いたり、「右足」に不平不満を言うことはしませんでした。そうではなく、「感謝」しました。ケガをしたからこそできることがある、ケガをしたからこそ得るものがある、そう考えたそうです。不平不満は、ストレスしかもたらさない。彼は、どんなときも感謝によって、自らが前に進むエネルギーを得ていたのだと思います。

イギリスの詩人、サミュエル・ジョンソンはこう言っています。

「感謝の念は教養の結実である。粗野な人々の間には見受けられない」

「感謝」の言葉を口にするトップアスリートたち。彼らは、絶えず謙虚さを持ち、周りの声に耳を傾け、日常の些細なことに幸せを見出し、逆境にあってもそれすらエネルギーに変えていく。まさに、スポーツ選手というより、私には教養人に見えます。

「ありがとう」。誰でも、いつでも、何度でも言える簡単な言葉。なのに、私たちは時にその言葉を失っています。今日はたくさんの「ありがとう」を家族に贈ってください。そして、明日からも、たくさんの「感謝」「ありがとう」の気持ちを持ち、必ず言葉にしていきましょう。「感謝」が、みなさんのこれからの成長を促し、真の教養人に向かうための道を約束します。

「感謝」。この大切さをお伝えして、卒業式の校長の式辞といたします。

【参考文献】

The Greats「長友佑都の名言」
[https://the-greats.com/people/4401]
朝日新聞デジタル「羽生結弦、耐えた右足に『感謝しかない』けが乗り越え」
[https://www.asahi.com/articles/ASL2K4WK9L2KUTQP01Z.html]
J・ボズウェル（中野好之訳）『ジョンソン博士の言葉』みすず書房、2002年

其の十五

宿命―ショーペンハウアーに学ぶ（中学校卒業式）

2020年3月

卒業生のみなさん、卒業おめでとうございます。保護者のみなさま、本日はお子様のご卒業、誠におめでとうございます。

新型コロナウイルスによる突然の学校休校。卒業までの残りの時間を、大好きな仲間や先生たちと大切に過ごそうと思っていた矢先でした。春の選抜高校野球大会も中止され、高校の野球部員たちは、泣き崩れました。

そして、去る3月11日は、東日本大震災から九年目の日でした。いまだに、避難を強いられ、大切な人を失った悲しみに苦しんでいる人たちもいます。

こうした自分で避けることも、変えることもできない運命的なものを「宿命」と言います。今日は「宿命」について考えてみたいと思います。

「宿命」は、自分の意志とは関係なく、みなさんの目の前にやってくるものです。例えば、どこの国で、いつ、どんな家族のもとに生まれてくるのか。みなさんには選ぶことはできません。「宿命」です。新型コロナウイルスの拡大、選抜高校野球大会の中止、東日本大震災。みなさんの意志とはまったく関係ありません。「宿命」です。自分で避けることも、変えることもできません。

では、私たちはこの「宿命」と、どのように付き合っていけばいいでしょうか？　ドイツの哲学者、アルトゥル・ショーペンハウアーは、「宿命」について、このような言葉を残しています。私のとても好きな言葉です。

「宿命がカードを混ぜ、われわれが勝負する」

カードゲームを思い浮かべてみてください。カードを混ぜそれを配るのが宿命です。私たちに配られてくるカードには「ついてる」カードもあれば、「ついてない」カードもあります。さしずめ、今のみなさんの状況は「ついていない」カードがいっぱい入ってきた状態でしょうか。でも、ショーペンハウアーのこの言葉の素晴らしさは、そこで嘆くのでも諦めるのでもなく、その手持ちのカードで勝負すると言い切っているところです。一見して「ついていない」カードであっても、それをいいカードに変えることもできる。逆に、

「ついている」カードと思っていても、出せずに終わってしまうこともある。配られた「宿命」のカードで、人生の勝負は決まるわけではない。それを元にどうプレーするかによって、勝負は決まるのです。

一日中、家に留まっている今の境遇。日中友達とラインをし続けることもできるし、たっぷりの時間を使って日頃できない読書をすることもできる。ゲームばかりで一日をつぶすこともできれば、英単語を計画的に二千覚えることもできる。「宿命」を嘆き、「宿命」のせいにして、何も行わない人は、カードが配られた瞬間に勝負を諦めている人です。「ついていない」と思われるカードに光を見出し、その手持ちのカードで勝負する。「ついていない」カードがたくさん来たときこそ、みなさんが新しい勝負の仕方を身に付けるチャンスです。逆境で身に付けた勝負の仕方は、みなさんの新しい武器となります。

高校のプレミアム系やグローバル系なら大学受験、ＩＢ系なら世界統一試験。進学していくみなさんにとっては、これらも避けようのない目の前に立ちはだかる宿命です。

Official 髭男 dism（ヒゲダン）のヒット曲『宿命』にはこういう歌詞があります。

緊張から不安が芽生えて

根を張るみたいに　僕らを支配する
そんなものに負けてたまるかと
今　宿命ってやつを燃やして　暴れだす

（作詞・作曲　藤原聡『宿命』より）

作詞作曲した藤原聡さんは、すごいですね。「宿命ってやつを燃やして暴れだす」と歌っています。「宿命」ってやつを燃やして暴れるんですよ。それは、宿命を燃やしてなくしてしまうということでも、宿命に従うのでもない。藤原さんの歌詞は、ショーペンハウアーとの共通点があります。

藤原さんは、「宿命」を「宿命ってやつ」と歌っています。宿命から逃れることはできないけど、それを重圧としてでなく、差し出されたカードくらいに捉えている。「燃やす」という表現には、「宿命」に立ち向かっていく強さを感じることができます。

今も、これから先も、「宿命」がみなさんを翻弄したとき、嘆かないでください。差し出された宿命カードで勝負を切り出してください。必ず勝機はあります。

「宿命がカードを混ぜ、われわれが勝負する」

この言葉を贈って、校長の式辞とします。

【参考文献】
アルトゥル・ショーペンハウアー（金森誠也訳）『孤独と人生』白水社、2010年
Official髭男dism『Traver』（CD）ポニーキャニオン、2019年

高等学校

High School

其の十六

顔―レヴィナスの他者論（高等学校卒業式）

2020年3月

卒業生のみなさん、卒業おめでとうございます。保護者のみなさま、本日はお子様のご卒業、誠におめでとうございます。

これからの人生をよりよく過ごしていくために必要なことは、他者との関係です。今日は、エマニュエル・レヴィナスの話をしたいと思います。

レヴィナスは、当時はロシア帝国領だった現在のリトアニアに生まれたユダヤ人の哲学者です。第二次世界大戦中にほとんどすべての親族をドイツ軍によって虐殺され、自らもドイツの捕虜収容所に入りますが、なんとか生き延びることができました。こうした体験から､彼は「人は何のために生きるのか」を徹底して考え､彼独自の哲学を創り上げました。

彼は「他者とは顔である」という意味深な言葉を残しています。レヴィナスの哲学で、この「顔」はキーワードとなっています。「なぜ人を殺してはいけないのか」「責任を持つとはどういうことか」「なぜ生きるのか」。こうした問いに答えるために、彼はこの「顔」という概念を頻繁に用います。

レヴィナスは「顔は言葉を語る」と言います。そして顔の言葉を受け取った私たちには、その言葉に応える責任が自ずと生じてくるといいます。難しい言葉で言うと「応答責任」です。

朝の挨拶でも、こっちを見て「おはようございます」と言われると、無視することは難しいでしょう？　たとえ、「おはよう」という言葉はなくても、「顔」が見えて視線が合うだけで、何か自分も応えなければならないという、変な感覚に襲われませんか。笑顔で返すか、「おはよう」と声をかけるか。相手の「顔」が言葉を語り、あなたがそれに応答している状態です。これが、レヴィナスの言う「応答責任」です。

私たちは、テレビのニュースで、シリアで空爆があって、民間人が多数死亡したというテロップを見たとしても、「ああそうなんだ」で終わります。でも、もし、空爆で亡くなった子どもが生きていた頃のあどけない笑顔や、子どもを亡くして泣き崩れている親の顔を見たらどうでしょう。それがたとえ知らない子どもであっても、その子の笑顔から、その子の親の悲しむ顔から、言葉が聞こえてくることがあります。「もっと遊びたかった」「怖ります。

くていられなかった」「我が子に会いたい」そうした言葉を受け取ったとき、私たちの心は動かされます。「かわいそうに」「許せない」と。顔が言葉を語り、それを受け取った私たちが、応答しているのです。この「応答責任」は、すべて「顔」を感じることから始まります。

あえてもっと過激な例を挙げれば、人を処刑するとき、処刑される人の顔を隠すのは、なぜでしょうか。もし、処刑される人の顔が言葉を語りかけてきたら、死刑執行人は殺すことをためらってしまうからです。

しかし、他者には「顔のない他者」もいます。

スマホやネットで簡単に繋がる時代においては、周りは「顔のない他者」だらけです。本当は顔のある他者であるにもかかわらず、私たちはその顔を感じることができません。

さらに、私たちはときにあえて、周りの人を「顔のない他者」にすることがあります。そのとき他者は、ただの風景かモノになってしまいます。例えば、混んでいる電車に乗っているとき、目と目が合って、その顔が言葉を語ってきたら、みなさんは応答しなくてはならないでしょう。だから、私たちはあえて、中吊り広告などを見て、顔のない他者と電車の中で過ごそうとするのです。

電車の中でならそれは自然なことです。しかし私たちは、自分の身近な人でさえ、「顔のない他者」にしてしまうときがあります。自らの欲望にかられ、相手を使い勝手のいい単なる手段として見たり、相手を点数やノルマだけで見たりしているとき、そこに、レヴィナスの言う「顔」は存在しません。相手の顔を感じることなく、相手を「顔のない他者」にするとき、人は平気で相手を傷つけ、どんな残酷なこともできてしまうのです。

逆にいえば、私たちが心動かされ、他者のために突き動かされるように行動しているとき、それは、その人の顔を感じ、その言葉を受け取っているときです。ともに涙を流さずにはいられない、手を差しのべずにはいられない、みなさんがそうなっているとき、それは、みなさんが他者の「顔」を感じているときなのです。中村哲(なかむらてつ)医師がなぜアフガニスタンの復興のために、危険を冒してまで何度も現地に赴いていったのか。アフガニスタンの人々の「顔」を感じていたからです。

「顔」を感じてください。あなたの身近な人を「顔のない他者」にしないでください。これが、私からみなさんに贈る最後のメッセージです。

以上で、校長の式辞といたします。

【参考文献】
エマニュエル・レヴィナス（合田正人訳）『全体性と無限―外部性についての試論』国文社、1989年

其の十七

悔い──反省すれど後悔せず（高等学校卒業式）

2018年3月

卒業生のみなさん、卒業おめでとうございます。保護者のみなさま、本日はお子様のご卒業、誠におめでとうございます。

この学び舎を巣立つみなさん。高校三年間を終え、今、みなさんの胸に去来する思い出は何でしょうか？　県予選決勝で全国大会出場を決めた瞬間、志望大学から合格通知が届いた瞬間、様々な良い思い出が浮かんでくるでしょうか？

でも、そうではない、つらい思い出が浮かんできている人もいると思います。私は知っています。練習中のケガで、三年生最後の試合に出られなかった生徒。チームメイトの前では笑顔でも、家に帰って落ち込んでいたことを。センター試験で緊張のあまり、思うような得点がとれなかった生徒。自己採点の後、「先生どうしよう」と目に涙をためながら職員室を訪れていたことを。そうしたつらい経験が思い出される生徒にとって、高校生活はいいものとして映らないかもしれません。いまだに、自分を責め、失敗を悔やんでいる生徒もいるかもしれません。

人生の中では、大なり小なり必ず失敗が訪れます。高校生活が順風満帆だったと感じている生徒のみなさんも、これからの人生の中で、必ず失敗を経験します。ときには、立ち直れないような挫折感を味わうこともあるでしょう。人生の中で回避できない失敗や挫折と、どのように向き合うべきなのか。この学び舎を巣立つみなさんに対する校長からの最後の言葉として、次のメッセージを贈りたいと思います。

「人生に反省は必要であるが、後悔は必要でない」

反省と後悔は、同じように自分の失敗に向き合う言葉ですが、両者はまったく違います。「後悔は過去に留まること、反省は未来に向かうこと」と言い直すこともできるでしょう。

「なぜ、あのときあの一球を投げたのか。違った球を投げていれば、勝っていたはずなのに」「なぜ、あのとき頭が真っ白になったのか。私はプレッシャーに弱いダメなやつだ」。過去の失敗は、やり直せないにも関わらず、後悔は、ただただ過去に執着し続けることを意味します。本当は、思い出したくもない過去の嫌な体験にも関わらず、そのことを一日中、考え続けている不幸な状態です。思い続けても、過去は変わりません。過去をやり直すことはできません。でも思い続ける。そうした後悔の日々を続けると、ますます、自分が嫌いになってきます。自己否定が始まります。

よく考えてみてください。みなさんはいつだってその時その時で、自分で考える最善の選択をしてきたはずです。その時は、必死だったと思います。間違っていたかどうかなんて、後になってみなければわかりません。勝負の瞬間の運もあります。みなさんはさぼってきたわけではありません。冬の厳しいトレーニング、深夜までの受験勉強。文字通り、命を削る思いで必死に努力してきました。それは、何物にもかえられない尊い経験です。私は必死に努力したみなさんを誇りに思います。

人生に後悔はいらない。ただ、反省は必要です。反省は、後悔と同じく過去を振り返りますが、過去に留まって「くよくよ」することはありません。反省は未来志向です。反省の第一歩は、まず自分でその失敗を認めることです。深刻になる必要はありません。「ばっかだなあ」と、失敗してしまった自分をまずは快く引き受けることです。そして次に、失敗にいたった理由を「くよくよ」でなく「よく」考えます。最後に、「よく」考えたあと、自分なりの改善策を見出し、日々の過ごし方を一つでもいいから変えていきます。練習方法でも、勉強方法でも、自分がいる環境でも、人との接し方でも、何かを変えていく。こうした反省の手順を踏んでいくと、きっぱり過去の失敗を振り切れます。そして、「やり方」

を変えることによって、今までとは違った風景が見えるようになってきます。今まで気付かなかった多くのことが学べるようになります。

よく、「失敗は成功の母」といいます。この言葉は、何度失敗しても前向きに頑張ればやがて成功をつかむことと解釈されがちですが、それは間違っています。失敗したときに、潰された気持ちを奮起させることは、なかなか難しいことです。大切なのは、志をさらに高めることでなく、明日からの具体的なやり方を変えていくことです。小平奈緒選手も、チームパシュートの選手も、試合に勝てず落ち込んでいたときに、さらに志を高くしたから、オリンピックで金メダルをとれたのでしょうか。違います。何度挫折しても、反省を繰り返し、未来のためにやり方を変えていったから、最後に金メダリストになれたのです。

日本人男性ですが、タイで僧侶をしている、プラユキ・ナラテボーという人がいます。彼は、上智大学を卒業後、タイの大学院に留学、そのときにタイで出家した異色の人物です。彼はこんなことを述べています。

「失敗体験を素材に『後悔物語』や『自己否定物語』を心の中で紡げば、心は憂鬱になって落ち込む。同じ体験を『教訓物語』として編んでいくことができれば多くの学びを得ることになる」

みなさん。人生において後悔は不要です。失敗や挫折を味わったときは、後悔でなく反省を行ってください。みなさんは過去に留まるのではなく、つねに未来に向かって生きるべきです。

「人生に反省は必要であるが、後悔は必要でない」

みなさんにこの言葉を贈り、校長の式辞といたします。

【参考文献】
プラユキ・ナラテボー『自由に生きる』サンガ、２０１５年

其の十八

存在肯定——「ええねん」とニーチェ（高等学校卒業式）

2016年3月

卒業生のみなさん、卒業おめでとうございます。保護者のみなさま、本日はお子様のご卒業、誠におめでとうございます。

みなさんは、この三年間、まさに青春時代を過ごしてきました。青春時代について、元高校教師で歌人の俵万智さんは、このように歌っています。

「青春と　いう字を書いて　横線の　多いことのみ　なぜか気になる」

「青春」という美しい響きとは裏腹に、文字を書いてみれば、横線が多いことに気付きます。俵さんは、この横線という比喩を用いて、青年の目の前にある、様々な壁を表現しているのだと思います。

親や教師の期待、学業のスランプ、受験のプレッシャー、レギュラーメンバーに残るための戦い、大会での成績不振、家や教室での人間関係。高校三年間の中で、それらは壁としてみなさんの前に立ちはだかったに違いありません。みなさんは、その壁から逃げずに、果敢に立ち向かってきました。その壁を乗り越える度に、一つずつ成長を重ねてきました。それは、とても立派なことです。

今、この学び舎から旅立つみなさんに、これからの世界を生き抜いていくための、メッセージを贈りたいと思います。まずは、この歌を聴いてください。

後悔しても　ええねん
また始めたら　ええねん
失敗しても　ええねん
もう一回やったら　ええねん
前を向いたら　ええねん
胸をはったら　ええねん
それでええねん　それでええねん

（作詞・作曲　トータス松本『ええねん』より）

これは、ウルフルズの『ええねん』という曲です。シングルとして発売されたのは

2003年ですが、NHK総合の深夜バラエティー番組『サラリーマンNEO』のエンディング曲となっていたので、聴いたことのある人もいるかもしれません。時間の都合で一部しか聴けませんが、是非YouTubeで全部聴いてみてください。

この歌のメッセージは、「それでええねん」に集約されています。私がみなさんに伝えたいメッセージは、「それでええねん」です。関西弁の、「それでええねん」は、「その程度でいいんじゃないの」という諦めに近い、冷めた言葉ではありません。「それでええねん」は、哲学的に言うならば、みなさんの存在を全肯定する、みなさんの存在を祝う、前向きなとても深い言葉です。

ドイツの十九世紀の哲学者ニーチェは、それまでの西洋の伝統的な世界観を痛烈に批判し、現代社会における生き方を示した異色の哲学者として知られています。彼は、物理学のアインシュタインのように、哲学の学問分野を一変させた人物です。誤解を恐れずに言うならば、彼の哲学は、「それでええねん」思想であると言い直すことができます。もちろん、ニーチェはドイツ語を話しているので、関西弁は知らなかったと思いますが、私はウルフルズの『ええねん』の曲を聴くたびに、ニーチェを思い浮かべます。

ニーチェは、世界は理性的で、公正公平であると考えませんでした。例えば、政治も、宗教も、道徳も、理性的なものではなく、たくさんの人たちの思惑がひしめき合うことで、なんとか形作られているものであると捉えます。しかもそれらの思惑は、いたって衝動的で身勝手なものだと言います。ニーチェに従えば、私たちの住む世界は、秩序と真実に溢れた世界でなく、苦痛と欺瞞に満ちた世界ということになります。

もし世界が苦痛と欺瞞に満ちているとするならば、私たちはどのように生きていけばいいのでしょうか。そうした世界から逃げ出し、その世界を否定したくなるかもしれません。けれど、彼は、そうは述べません。たとえ世界が苦痛と欺瞞に満ち溢れていても、その世界をそのまま引き受け、わが人生として「強く生きろ」と述べます。彼は、こうした世界を生きぬく強者を「超人」（スーパーマン）と呼びます。

どうすれば、「超人」になれるのか。ニーチェは、まず「自分自身を愛せ」と言います。優れている劣っている、正しい正しくない、という外部の評価を気にする前に、自分の存在を全肯定せよと言います。周りの評価や他者の視線を気にして、自分を「ダメな人間だ」と評価するのではなく、上手くいかない自分も含めてかけがえのない自分であることを自覚せよと言います。それは、いうなれば、自己への「それでええねん」です。

自分に「それでええねん」と言えない人、つまり自分を愛せない人は、他者の存在も肯定できません。自分に対して「それでええねん」と言える人は、友人に対しても家族に対しても同僚に対しても「それでええねん」と言えるようになります。相手に「こうしろ、ああしろ」「こうすべき、ああすべき」と言う人よりも、一言、「それでええねん」と言えることのできる人の方が、はるかに強い人間です。相手の評価者でなく、相手の存在の擁護者となってください。他者への「それでええねん」を持つ者は、人と人との違いを受け入れ、多様性のある現実を受け入れている強者です。ニーチェの言う「超人」に近い人物です。

これから、みなさんが歩む世界は、前途洋々として明るいものであってほしいと願っています。しかし、大学生になって学問を深め、社会に出て様々な評価に晒される中で、高校時代とは違った様々な壁に遭遇します。ニーチェの言うように、この世界が苦痛と欺瞞に満ちたものとして感じることもあるでしょう。その中で、ときに傷つき、死にたいと考えることもあるでしょう。そんなとき、この卒業式での「それでええねん」を思い出してほしいです。ニーチェが言うように、自己の存在を全肯定してあげてください。「それでええねん」で自分を好きになってください。そして、壁に潰されそうな周りの人たちにも、「それでええねん」と言える「超人」となってください。「それでええねん」は、あなたの人生と周りの人の人生を幸福にします。

「それでええねん」。卒業するみなさんに、この言葉を贈ります。

【参考文献】
ウルフルズ『ええねん』（CD）EMIミュージック・ジャパン、2003年
ニーチェ（氷上英廣訳）『ツァラトゥストラはこう言った』岩波書店、1967年

其の十九
悪――ハンナ・アーレントの抵抗（高等学校卒業式）
2019年3月

卒業生のみなさん、卒業おめでとうございます。保護者のみなさま、本日はお子様のご卒業、誠におめでとうございます。

本校を巣立つみなさんに伝えたいこと。それは、「人間であることをやめない」ということです。この言葉は、ドイツ出身のユダヤ人哲学者、ハンナ・アーレントの言葉です。

みなさんはハンナ・アーレントという名前はおそらく初めて聞くと思います。彼女はナチス政権下で強制収容所に連行されるも、そこから脱出し、アメリカに亡命しました。アメリカに移住後は、シカゴ大学やコロンビア大学などで教鞭をとります。彼女の研究テーマは、なぜ何百万人ものユダヤ人が、収容所で大量虐殺されることになったのか。こうした狂気を生み出したナチスをなぜ止められなかったのか、その答えを見つけることでした。

いやその答えはすでに知っているとみなさんは思うかもしれません。ヒトラーが残忍だったから、ナチス政権の幹部が凶悪だったから、と普通は考えます。私も高校の世界史でナチス政権について学んだときからそう思ってきました。けれど、アーレントの答えは違っていました。

彼女は1960年代初頭、アメリカで行われた裁判を傍聴します。ナチスの親衛隊将校で、何百万人というユダヤ人を強制収容所に送り込んだアイヒマンという男の裁判です。彼女は、アイヒマン裁判を傍聴した記録を大衆雑誌に、こう記しました。

「裁判でアイヒマンは『自分が自発的に行ったことは何もない。善悪を問うたこともないし、自分の意志は働いてもいない。ただ命令に従っただけなのだ』と証言した。私は、彼が残虐な殺人鬼ではなく、ヒトラーの命令どおりに動いただけの『平凡な人間』なのではないかと思った」

この記事が発表されるやいなや、アーレントに対する厳しい批判が世界中で巻き起こります。アーレントには「ナチス擁護だ」「ナチそのものだ」と、厳しい批判が向けられます。こうした批判によって彼女は職も失いました。それでも、彼女はこう主張し続けました。

「世界最大の悪は、平凡な人間が行う悪である。その人には動機もなく、信念も邪心も悪魔的な意図もない。アイヒマンのような犯罪者は人間であることをやめた者である」

彼女は、人間であることをやめないために私たちに必要なことを、次のように訴えます。

「アイヒマンは、人間の大切なものを放棄した。それは考えるということだ。思考ができなくなると、平凡な人間が残虐行為にまで走る。私が望むのは、考えることで人間が強くなることである。考え抜くことで破滅に至らぬようにすることである」

みなさんに問いかけます。アーレントのアイヒマンに対するこうした解釈は、今の私たちとまったく関係ないナチズムだけのことでしょうか？　私にはそうは思えません。思考停止が悪を生み、考えることで人間は強くなるというアーレントの言葉は、今の私たちに強い警鐘を鳴らしているように思えます。

いじめもそうです。いじめに加わった人、いじめを見ている人は得てして平凡な人です。でも、相手の立場を考えようともせず、思考停止のまま場の空気に従ってきたからこそ、いじめは生まれます。

思考停止が悪を生む。私たちが考えることをやめたとき、誰でもアイヒマンになる可能性があるのです。私だってそうです。

では、アーレントの言う「考える」とは何か。彼女はこう言います。「考えるとはその物事に向き合い、抵抗することである」と。SNSでいわれていることだから、みんなが言うことだから、昔からそうだから、といって従順に物事を受け流さないでください。スマホですぐ答えを見つけ出し、問題を即座に解決しようとしないでください。これらは考えることではありません。アーレントに言わせれば、それは人間を失うことです。

どうか、「おかしい」というみなさんが持つ違和感を大切にしてください。違和感を放置し、向き合うことを避けたら、それは思考停止です。もちろん、その違和感がどこからくるのか、そこから脱出する方法は何なのか、すぐに答えは見つからないこともあるでしょう。それでもいいんです。その違和感を大切にため込んでください。そして時が来たとき、自分の信念に従って行動してください。

「人間であることをやめない」。アーレントに従えば、それは考える人であり続けるということです。思考停止に陥ったとき、私たちは知らず知らず悪に加担する人へと変貌していきます。どうかこれからの人生、つねに違和感を大切にし、いつも考える人であってください。

以上で、校長の式辞といたします。

【参考文献】

ハンナ・アーレント（大久保和郎訳）『エルサレムのアイヒマン〔新版〕悪の陳腐さについての報告』みすず書房、2017年

其の二十

笑い──笑い方に表れる人間性（高等学校卒業式）

2021年3月

卒業生のみなさん、卒業おめでとうございます。保護者のみなさま、本日はお子様のご卒業、誠におめでとうございます。

2021年は、本校サッカー部の全国優勝という素晴らしいニュースで幕を開けました。一戦ごとにチームがまとまり、一人ひとりがたくましくなっていく姿に、私自身大きな感動をもらいました。優勝後、本校サッカー部に関する記事がたくさんネットや新聞に掲載されました。その中の一つについて、今日はお話ししたいと思います。

それはMFの岩岡君についての記事です。当時、小学生だった彼は、来日したポルトガル代表のクリスティアーノ・ロナウドに質問できる機会を得ます。彼は練習してきたポルトガル語で「僕の夢はプロサッカー選手になることです。どうしたら良いかアドバイスをください」と質問します。すると、そのたどたどしい流暢でないポルトガル語に対して、報道陣から笑い声があがります。そのとき、ロナウドは真剣な表情で「なぜ笑うんだい？

彼のポルトガル語は素晴らしいよ」とフォローしました。ロナウドの対応に報道陣は静まり返ります。そんなエピソードを持つ岩岡君が、六年半を経て日本の高校サッカー選手権の優勝メンバーとして活躍した。この記事は、世界中に発信されました。

この記事を目にしたとき、私はすぐさま、ドイツの哲学者ニーチェの言葉を思い出しました。彼はこう言います。

「どんなふうに笑うか、どんな場合に笑うか、そこには人間性がはからずも表れている。例えば、人の失敗をおとしめて笑っているのか、意味合いのおかしさを笑っているのか、洗練された機知を面白がっているのか、ということだ」

ロナウドが持つ人間性は、この一つのエピソードにすべて表れています。日本の小学生がプロサッカー選手になりたいという夢を持ち、サッカーのスーパースターに一生懸命質問しようとしている姿に、彼は敬意をもって対応しようとしています。それどころか、それをバカにしようとする周囲の人たちに毅然とした態度を示し、彼を守ろうとしている。ロナウドの優しさと強さを感じずにはいられません。

笑いには、人を傷つける笑いと人を救う笑いがあります。いじめの場面でいじめている人、そしてそれを傍観している人は、笑っています。嘲笑い、嘲笑と呼ばれる笑いです。いじめの対象に対して、自分の愚かな行為を本気ではない遊びなんだと言い訳するかのように笑います。私のもっとも嫌いな笑いです。逆に、一般に冗談やユーモアといわれる笑いは、誰も傷つけません。誰一人として置き去りにしません。すべての人の心をあたため、場を和やかにさせます。また、逆境の場面で、冗談やユーモアがあれば、これまでと異なる見方を一瞬に吹き込むような効果がもたらされることがあります。八方塞がりと思えるとき、そうした笑いが思いがけぬ方向に突破口を開いてくれることもあります。

その意味で、笑いは火に似ています。家をあたためたり、調理に使ったり、火は総じて役に立つものであるが、ときに人にやけどを負わせたり、大切なものを焼き尽くすこともある。みなさんには笑ってこれからの人生を過ごしてほしいですが、すべての人の心をあたためる炎のような笑いを求めていってほしいと願っています。

私の尊敬する教育家にA・S・ニイルという人物がいます。彼はイギリスで「世界で一番自由な学校」といわれる「サマーヒルスクール」という学校をつくった人物です。彼が教師に向けて言った言葉にこんな言葉があります。

「子ども**を**笑う教師になるな。子ども**と**笑う教師になれ」

私はこの言葉が大好きで、教師を目指す若者たちに、必ずこの言葉を贈ります。これは、教師だけでなくみなさんにとっても人生で大切な言葉です。ニイルの言葉を少し言い換えて、みなさんへの最後のメッセージにしたいと思います。

「人を笑う人間になるな。人と笑う人間になれ」

英語で言うとLaugh atではなく、Laugh withです。Laugh atは、誰かを貶めて嘲笑うこと、Laugh withは誰一人として貶めずみんなで笑うことを意味しています。ニーチェの言う通り笑い方に人間性が出るとすれば、逆に笑い方を変えていけばみなさんの人間性はどんどん高まっていきます。Laugh withでこれからの人生を過ごしてください。そうすれば、あなたの周りにはたくさんの信頼できる人たちが集まってきます。そしてあなた自身も信頼され豊かな人生を送ることができます。

「人を笑う人間になるな。人と笑う人間になれ」

以上で、校長の式辞を終わります。

【参考文献】

Yahoo ニュース「スペイン大手紙『事実は小説より奇なりだ』、C・ロナウドの〝神対応〟受けた少年の選手権制覇の報が欧州へ」
[https://news.yahoo.co.jp/articles/cc1123e2c83cadcefbdd2a6f231a26fbcbe43f72]
ニーチェ（中島 義生訳）『ニーチェ全集6 人間的、あまりに人間的II』筑摩書房、1994年
ニイル（堀真一郎訳）『新版ニイル選集4 問題の教師』黎明書房、2009年

——おわりに

こうして出来上がった校長式辞集を眺めていて、思ったことがある。冒頭で、子どもたちや保護者を対象に記憶に残るような校長式辞を書いたと述べたが、実は対象は他にも二つあったということである。

一つは、現場の教員に向けたメッセージであったということである。私立学校の教員は職場の変更がほぼないため、何度も校長の話を聞く。兼務のため、一日中ずっと学校に張り付いているわけでもない私は、教員たちに大切にしてほしいことを式辞という形を借りて表明してきたのだと思う。山梨学院高等学校のある先生からは、「校長式辞を聞いてアーレントをすぐに調べました。生徒指導に活かしていきます」、山梨学院中学校のある先生からは、「校長式辞のことを学年集会でも話しています」、山梨学院小学校のある先生からは「校長先生の入学式の『聞く』の話は低学年の二年間を通じた指導方針になっています」という言葉をもらったことがある。

校長式辞が単なる校長個人の教育思想に留まらず、教員たちに伝播していく。校長式辞は教員に贈る言葉でもあったのだ。校長式辞の内容を、教員たちが自分の言葉として変換してくれたらいいなと、どこかで願っていたのかもしれない。

二つは、自分自身に向けたエールであったということである。山梨学院の小学校・中学校・高等学校の校長として、順風満帆ではないことも度々あった。目に見えぬ圧力からどうやって児童生徒や教職員を守ればいいのか、悩む日々もあった。閉塞感の中で、いつも思い出したのは、元山梨学院短期大学学長の三神敬子先生の「第一のものを第一にしなさい」という言葉だった。迷ったら、いつも「何を大切にすべきなのか」を考えていた。目先の利益や目先の生徒募集状況に踊らされることなく、人として大切なものは何か、目の前の児童生徒の「今」に大切なものは何か、学校として大切なものは何かと自問自答してきたように思う。

校長式辞は、ときに揺らぎそうな自分に向けたエールであったのである。今、そう思う。

山梨学院小学校校長補佐（2004年4月~2010年3月）、山梨学院小学校校長（2010年4月~2019年3月）、山梨学院中学校校長（2014年4月~2021年3月）、山梨学院高等学校校長（2015年4月~2021年3月）として教育現場に関わりを持たせていただけた十七年間は、私にとってかけがえのない時間であった。

弱冠三十二歳のひよっこの教育学者が新しい小学校づくりを任され、後には中学校や高等学校の学校改革を推進できるなど、誰もが経験できることではなく、本当に夢のような時であったと思う。いうまでもなく、本書は、頼りない私を支えてくださった多くの人々との出会いがあってこそ、出来上がったものである。

日本一の小学校を目指すという高い理想を持ち続け、くじけそうなときもいつも励ましてくださった山梨学院小学校初代校長の田中智志先生。私の校長としての方針を副校長として様々な面で支え、類まれな調整力でそれを実現してくださった山梨学院中学校・高等学校の吉田正先生、山梨学院小学校の瀬端淳一郎先生。私をいつもあたたかく見守り、強固な幼小連携の実現にご尽力いただいた山梨学院幼稚園の田村優子先生。たいした研究者でもない私のことを、「私たちの校長は教育哲学者だ」と自慢げに語り、いつも力と勇気を与えてくれた山梨学院小学校の鈴木崇先生に深く感謝を申し上げる。

園児に優しさと真心をもって接し、私に多くのことを気付かせてくれた山梨学院幼稚園の教職員のみなさま。「学ぶ楽しさ」を追求し、情熱とアイデアで質の高い教育実践を行ってくれた山梨学院小学校の教職員のみなさま。突然やってきた校長を快く迎えてくれ、魅力的な授業で生徒の満足度を高め、不登校ゼロの素晴らしい学校を築いてくれた山梨学院中学校の教職員のみなさま。いつも生徒たちに惜しみない愛情で接し、進学やスポーツ・

文化の多くの分野で優れた成果を出し希望を与えてくれた山梨学院高等学校の教職員のみなさま。ちょっと変わった校長をいつも慕ってくれ、元気な挨拶と素直な反応で、たくさんの刺激をくれた児童生徒のみなさん。学校が進める改革を理解し、あらゆる面で学校を支えてくださった保護者のみなさまに、厚く御礼申し上げる。山梨学院の同僚としていつも励まし合い、式辞素案の最初の読者として事前添削をしてくれた妻にも感謝している。

最後に、本書の企画を「面白い！　是非、出版しましょう」と言ってご尽力くださった一藝社の小野道子社長にもこの場を借りて謝意を表する。

※文中の肩書き等は式辞発表当時のものです。

装丁・DTP・イラスト／本田いく

【著者】山内紀幸（やまうち　のりゆき）

1972 年、兵庫県生まれ。1999 年、広島大学大学院教育学研究科博士課程後期単位取得退学。現在、神戸女子大学文学部教授、東京大学大学院教育学研究科兼任講師。博士 (教育学)。専攻は教育学 (教育哲学、教育課程論)。

これまで、山梨学院小学校校長・校長補佐、山梨学院中学校校長、山梨学院高等学校校長、山梨学院短期大学教授を歴任。この他、教育思想史学会理事、教育哲学会編集委員会常任編集委員などを務める。

主な著書『教育思想事典　増補改訂版』（共著）勁草書房、2017 年／『大正新教育の思想』（共著）東信堂、2015 年／『現代教育の争点・論点』（共著）一藝社、2015 年／『教育課程論』（編著）一藝社、2013 年／『学びを支える活動へ：存在論の深みから』（共著）東信堂、2010 年／『グローバルな学びへ：協同と刷新の教育』（共著）東信堂、2008 年、他多数。

Nex Tone PB000051311 号
JASRAC 出 2103055-101

ちょっと変わった校長式辞集
教育哲学者からのメッセージ
2021 年 5 月 25 日　初版第 1 刷発行

著　者　山内 紀幸
発行者　菊池 公男
発行所　株式会社一藝社
〒 160-0014 東京都新宿区内藤町 1-6
Tel.03-5312-8890　Fax.03-5312-8895
E-mail：info@ichigeisha.co.jp
http://www.ichigeisha.co.jp
振替　東京 00180-5-350802
印刷・製本　倉敷印刷株式会社

ISBN 978-4-86359-237-7　C3037

子どもの最善の利益から考える

保育実践例

寶川雅子 編著

ふんだんに使った写真とイラストでわかりやすく紹介！

子どもの権利条約（日本ユニセフ協会抄訳）を掲載！

A5 判　1,389 円（税込 1,528 円）

ISBN　978-4-86359-184-4

ご注文は最寄りの書店または小社営業部まで。
小社ホームページからもご注文いただけます。